国家安全知识简明读本

GUOJIA ANQUANZHISHI
JIANMING DUBEN

国家安全知识简明读本

全球化视角下的金融安全

宋 玮 著

国际文化出版公司
·北京·

图书在版编目（CIP）数据

全球化视角下的金融安全/宋玮著. —北京：国际文化出版公司，2013.6

（国家安全知识简明读本）

ISBN 978-7-5125-0282-6

Ⅰ.①全… Ⅱ.①宋… Ⅲ.①金融-风险管理-基本知识-中国 Ⅳ.①F832.1

中国版本图书馆CIP数据核字（2013）第060558号

国家安全知识简明读本·全球化视角下的金融安全

作　　者	宋　玮
责任编辑	宋亚晅
特约策划	马燕冰
统筹监制	葛宏峰　刘　毅　周　贺
策划编辑	刘露芳
美术编辑	李丹丹
出版发行	国际文化出版公司
经　　销	国文润华文化传媒（北京）有限责任公司
印　　刷	河北锐文印刷有限公司
开　　本	700毫米×1000毫米　　16开 13印张　　　　　　　　180千字
版　　次	2014年9月第1版 2018年12月第2次印刷
书　　号	ISBN 978-7-5125-0282-6
定　　价	36.00元

国际文化出版公司
北京朝阳区东土城路乙9号　　邮编：100013
总编室：（010）64271551　　传真：（010）64271578
销售热线：（010）64271187
传真：（010）64271187-800
E-mail：icpc@95777.sina.net
http://www.sinoread.com

前　言

　　随着改革开放的不断深入，我国经济也逐渐融入世界经济发展的大潮之中，在全球市场上参与国际分工、享受专业化优势所带来的对经济的拉动作用。但相伴而生的是，外部经济的波动性不可避免地影响到我国经济的稳定性，进而对经济安全产生不可小觑的影响。金融是经济发展的核心，金融作为服务业致力于实体经济的发展需要，在经济全球化和金融市场一体化的大背景下，金融业安全、稳健才能促进实体经济更好更快地发展。经济全球化是一股世界潮流，对于我国来说，一方面不能放弃参与全球化进程的机会和权利，要积极参与建立国际金融体制和世界经济新秩序，促进自身的发展；另一方面要高度重视经济全球化的负面影响，增强防范和抵御金融危机的能力。

　　截至2011年底，我国GDP总量达到47万亿人民币，位居世界第二，经济发展取得了令世界瞩目的成就。但是，经济实力的长足进步与金融体系的相对滞后形成了鲜明的对比，经济崛起之后，我国经济未来发展的战略目标之一就是实现金融崛起。自"十二五"规划出台以来，人民币国际化、资本账户开放、国际储备的积累与运用、政府债务问题、银行业的对外开放、金融信息化、金融创新速度和宏观审慎监管等问题都成为了大家热议的话题。2011年被称为人民币国际化元年，在实现人民币国际化过程中要避免出现货币危机；资本账户的开放是金融自由化发展的必然结果，也是一国实现金融深化的具体表现，有利于金融效率的实现，在资本账户开放的过程中，要防止出现输入型金融危机；欧债危机、美债危机为世界敲醒了警钟，国家和地方政府的信用问题最终会影响到金融体系的流动性与稳定性；全球化趋势下，银行业作为一国最主要的金融机构，其国际化战略将伴随着本币国际化以及金融市场开放而逐步实施，所在国与东道国的金融风险也就随着业务渠道与资金渠道扩散开来,对金融稳定与安全形成挑战;技术进步是导致经济全球化和金融市场一体化的重要推动因素,金融信息化既包含金融领域技术变革的趋势又包含金融信息产品日趋重要的趋势,审时度势,高度重视金融信息化过程是实现金融安全的重要前提;金融创新是不断提升金融竞争力的手段与途径,但是金融创新也在不断挑战金融安全的边界,如何实现金融安全与金融效率的平衡是在金融创新过程中必须面对的困境;在金融发展中贯彻宏观审慎监管思路有利于防范微观金融风险触发或者放大而成为系统性危机。

在金融全球化的发展过程中,与其相伴的蔓延效应使金融危机迅速扩散,产生巨大的波及效应和放大效应,国际金融动荡已成为一种常态。因此,金融安全问题被作为应对金融全球化的一个重要战略而提出,它已成为国家安全战略的一个重要组成部分。许多国家在经济快速发展过程中出现了金融危机,例如,1994年墨西哥金融危机,1998年东南亚金融危机等,这些都是我们在经济发展与改革开放过程中需要吸取的前车之鉴。我国经济要适应全球化发展的趋势,实现经济崛起与金融崛起,又要确保金融安全和国家利益不受损害。为此,要进一步深化金融体制改革,增强金融安全意识,建立适应全球化趋势的新型金融体系,完善宏观调控手段和协调机制,使中国在金融开放过程中实现金融崛起,同时又可以未雨绸缪,从而有效降低金融危机发生的概率。

本书从八个章节详细分析了全球化视角下金融安全的各类影响因素、影响路径以及应对策略,适合于关注我国金融发展与金融安全的政府职员、金融从业人员、在校金融专业学生以及对此话题感兴趣的相关人士阅读。

中国人民大学财政金融学院2011级硕士研究生洪杰、李博闻、牛梦雅、孙昊、李疆域以及2012级硕士研究生段玉慧、李明涛、赵萌旭同学参与了本书资料的收集与写作过程,在此一并表示衷心的感谢!

宋 玮

2012 年 7 月 6 日

目　录

前　言 003

第一章　人民币国际化与金融安全
第一节　人民币国际化的动因及进展 010
第二节　人民币国际化对金融安全冲击的路径 018
第三节　日、德货币国际化中维护金融安全的方法探析 026
第四节　我国未来货币国际化过程中维护金融安全的对策 031

第二章　外汇储备与金融安全
第一节　外汇储备的内涵与功能 036
第二节　我国外汇储备的规模与结构 038
第三节　外汇储备的成本收益分析 042
第四节　我国外汇储备的运用 047
第五节　从金融安全视角下优化我国外汇储备的建议 054

第三章　政府债务与金融安全
第一节　政府债务的内涵与功能 064
第二节　国债与金融安全 065
第三节　地方债务与金融安全 075
第四节　由美债危机和欧债危机带来的对中国国债规模问题的思考 083

第四章　银行业国际化与金融安全

第一节　我国银行业国际化的动因及进展　088
第二节　我国银行业市场对外开放对金融安全的冲击路径　096
第三节　我国银行业"走出去"过程中对金融安全的影响机制　100
第四节　国际金融危机中银行业的危机传导机制　104
第五节　银行业国际化进程中加强金融安全的建议　108

第五章　资本项目开放与金融安全

第一节　资本项目可兑换的内涵、收益与风险　114
第二节　短期资本流动与金融安全　118
第三节　资本项目开放过程的国际经验借鉴　126
第四节　我国的资本项目开放与金融安全　129

第六章　金融信息化与金融安全

第一节　金融信息化的内涵　138
第二节　我国金融信息化的发展　141
第三节　金融信息化对金融安全的挑战　145
第四节　金融信息平台建设　152

第七章　金融创新与金融安全

第一节　金融创新的动因　160
第二节　我国金融创新的现状　163
第三节　金融创新与金融安全的辩证关系——基于次贷危机的分析　168
第四节　在金融创新中寻求金融安全的对策　175

第八章 宏观审慎监管与金融安全

第一节 宏观审慎监管思路的提出　180

第二节 宏观审慎监管的理念与做法　182

第三节 宏观审慎监管的国际比较与借鉴　187

第四节 贯彻宏观审慎监管思路　强化我国金融安全　193

主要参考文献　199

第一章　人民币国际化与金融安全

> 人民币国际化是一个不断演进的过程。人民币跨越国界，由非国际货币变为国际货币，甚至成为国际中心货币，并成为世界上普遍认可的支付手段、记账单位和贮藏手段。从货币国际化利益的角度看，货币国际化对国际社会的影响是全方位的，所带来的好处也是多层次的。

第一节　人民币国际化的动因及进展

一、人民币国际化的内涵

货币的国际化就是货币的国内职能在国外的扩展。从货币的三个主要功能——交易媒介、计价单位和价值贮藏，可以引申出货币国际化的定义。Cohen（1971）最早对国际货币的职能进行了分类，Kenen（1983）则进一步完善了 Cohen 的分类，见表 1-1。

表1-1　国际货币的三类职能

货币职能	官方	私人
交易媒介	干预货币	贸易结算货币、外汇周转货币
计价单位	钉住货币	商品贸易和金融工具的计价货币
价值贮藏	储备货币	外币金融资产

货币国际化可以从静态和动态两个角度去衡量。从静态角度看，货币国际化表示了一国货币国际化的程度，它可包括以下三方面的内容。1. 货币国际化可分为准国际化和国际化两种状态：准国际化是指该国货币在与交易伙伴国的交易中，与伙伴国的货币对等使用或少量使用；而国际化是指该国货币在没有该国参与的国际交易中广泛使用或在与伙伴国交易中成为主要的计价、结算货币。2. 从使用程度上看，可分为部分国际化和完全国际化：部分国际化是指该货币在国际交易中发挥有限的作用，或充当支付手段，或充当记账单位，或充当价值贮藏手段；完全国际化是指该货币在国际交易中既是支付手段又是记账单位，而且还是价值贮藏手段。3. 从使用的空间上看，可分为区域化和世界化：区域化是指该货币在特定的区域发挥国际货币的作用，而世界化是指该货币在整个世界范围的交易中发

挥国际货币的作用。

从动态的角度看，货币国际化是指一种货币由非国际货币发展为国际货币的经济过程。它体现了一种渐进的、动态的、发展演变的过程，上述任何一种国际化的状态都不是一蹴而就的，而是逐步形成的。

对于人民币国际化，目前还没有统一的定义。笔者的定义为：人民币国际化是指人民币跨越国界，由非国际货币变为国际货币，甚至成为国际中心货币，并成为世界上普遍认可的支付手段、记账单位和贮藏手段的经济过程，其中包括从准国际化到国际化、从部分国际化到完全国际化、从区域化到世界化的发展演变过程。因而，从静态角度看，人民币国际化有阶段之分；从动态看，人民币国际化是一个不断演进的过程。

二、人民币国际化的可行性分析

从国内角度看，中国经济实力不断增强。从国际经验看，一国的经济实力和经济金融的高度开放性是该国货币成为国际货币最重要的基本条件。在国际金融市场上，每一种国际货币无不以其发行国强大的经济实力为坚强后盾，以其金融的高度开放性为可靠支撑。改革开放三十多年来，中国经济有了突飞猛进的发展，年均经济增长在两位数左右，到2010年，中国已经取代日本成为全球第二大经济体。与此同时，改革开放以来，特别是加入WTO后，中国经济已深度融入世界经济，以进出口贸易占GDP的比重所衡量的经济开放程度已达70%以上，成为世界各大国之首。2009年，中国已成为世界第一大贸易国。此外，改革开放以来，特别是20世纪90年代以后，中国宏观经济的质量明显趋好，其标志是经济不再大起大落，波动幅度日趋收窄。其结果是，人民币币值稳定，并具有升值的倾向。凡此种种，都奠定了人民币国际化的国内基础条件。

从国际角度看，人民币国际化的国际需求开始产生并日趋强烈。近年来，随着中国与周边国家和地区经济贸易的发展，人民币境外流通问题变得越来越重要。人民币境外流通虽然并不等同于人民币已经国际化，但对人民币的国际化有着重要影响。一方面，人民币境外流通是人民币国际化的前提，如果人民币仅在中国范围内流通，就根本谈不上国际化；另一方面，人民币境外流通的扩大最终必然导致人民币的国际化，使其成为国际货币。20 世纪 90 年代后，随着中国边境贸易的开展，人民币国际交易媒介的功能开始显现，相当部分的边贸商品和旅游产品开始以人民币计价和结算。在中国周边国家的邻近省份，人民币已在事实上广泛流通。在此推动下，人民币价值贮藏和储备功能崭露头角。2006 年 12 月，人民币首先被菲律宾纳入官方储备货币，而后来马来西亚、韩国、柬埔寨等国的中央银行也陆续将其纳入储备货币。这些都表明，人民币国际化的国际条件也开始具备。

三、人民币国际化的必要性分析

从货币国际化利益的角度看，货币国际化对国际社会的影响是全方位的，其为货币发行国所带来的好处也是多层次的。在经济利益方面，货币国际化不仅可以产生国际铸币税收益和运用境外储备投资的金融业收益，更为国际货币发行国及其居民带来许多难以计量却真实存在的实惠。比如，当本币成为国际货币以后，对外经济贸易活动受汇率风险的影响就将大大减少，国际资本流动也会因交易成本降低而更加顺畅和便捷，从而实体经济和金融经济的运作效率都将不同程度地有所提高。以美国为例，截至 2002 年底，美国已获得国际铸币税收益约为 6782 亿美元，而美国运用其他国家美元外汇储备已获得的累计金融业净收益约为 2748 亿美元。所以，美元国际化利益至此已累计高达 9530 亿美元。在非经济利益方面，首先，货币国际化必将给发行国居民和企业的对外交往创造方便条件，提高经济利益；其次，拥有了国际货币发行权，就可以启用货币政策制定权来影响甚至控制储备国的金融经济，并提升发行国自身抵御金融冲击的能力；最后也是最重要的是,国际货币发行国在国际金融体系中具有较大的话语权。这种话语权意味着制定或修改国际事务处理规则方面巨大的经济利益和政治利益。对此,国际货币基金和世界银行集团等国际金融组织的实践提供了很好的证明。而那些国际政治热点问题的背后屡屡浮现的美元货币交易的影子,则再三提醒我们:"美元这种制度工具,实实在在有着对其他国家制度和文化'侵入'的味道。"

从国际货币体系改革的角度看,人民币国际化是国际经济格局呈现多元化趋势的必然结果。"二战"以来,美国经济规模虽然一直位居世界首位,但是金融危机使得美国的经济增长方式备受质疑。当其他国家的经济规模相对较小时,靠美国小幅增长所提供的增量美元就足够维持世界各国对美元的需求,特里芬难题[1]还不会出现。但是,当其他国家特别是一些新兴经济体的经济规模越来越大,增长速度远高于美国时,对美元的需求开始大于美国自身经济增长所能提供的国际货币的增量,特里芬难题必然出现。经过几十年的发展,全球经济的多极化格局越来越明显,目前已经基本上形成了以美国、欧盟、日本、中国为主体的多极格局,而且以中国为代表的新兴经济体的经济总量占全球经济的相对比重正在迅速上升。但是,与实体经济格局相矛盾的是国际货币体系仍然是以美元为主导的单极格局,美元本位制的固有缺陷已经并且仍会继续导致周期性的重大金融危机,给国际经济带来巨大的风险。要解决这一系列问题,根本点就在于要构建多元化的国际货币体系,逐步改变目前的单极国际货币体系格局,而人民币无疑是其中重要的一极。

2008年由美国次贷危机引发的全球金融危机给国际货币体系造成了巨大的冲击,使人民币国际化更具紧迫性。危机充分暴露了现行以美元为

---

[1] 20世纪60年代,比利时裔美籍经济学家罗伯特·特里芬在《黄金与美元危机——自由兑换的未来》一书中提出"由于美元与黄金挂钩,而其他国家的货币与美元挂钩,美元虽然取得了国际核心货币的地位,但是各国为了发展国际贸易,必须用美元作为结算与储备货币,这样就会导致流出美国的货币在海外不断沉淀,对美国来说就会发生长期贸易逆差;而美元作为国际货币核心的前提是必须保持美元币值稳定与坚挺,这又要求美国必须是一个长期贸易顺差国。这两个要求互相矛盾,因此是一个悖论。"这一内在矛盾称为"特里芬难题(Triffin Dilemma)"。

垄断地位的国际货币体系的弊端。无约束的美元本位制已成为国际金融危机频频发生的根源。近年来在"双赤字"日益严重的情况下，美国利用美元的国际货币地位，几乎不受限制地向全世界举债，由此直接造成了全球范围内的流动性过剩。全球货币供应量的无限放大，虚拟经济过度脱离实体经济，最终导致了资产泡沫的破裂和危机的发生。更为严重的是，正当世界各国全力抵御金融危机的时候，美联储根本不顾其在国际货币体系中的地位和责任，肆意利用大规模购入美国国债增加市场美元供应，导致美元币值不断走弱，迫使包括中国在内的众多债权国将再次为美国政府的救市买单，当时中国近2万亿美元的外汇储备资产的安全性受到严重威胁。

四、人民币国际化的进程

人民币成为完全意义的货币形态始于改革开放。1978年，中国开始了市场取向型的经济体制改革以及与之相适应的对外开放。一方面，以民营企业为代表的自由企业制度逐渐发展，并促使国有企业改革，使中国经济的微观基础发生了重大变化；另一方面，市场价格机制的逐步完善使资源配置市场化成为趋势，反映在宏观层面，即财政主导性经济转变为金融主导性经济。在这一过程中，人民币开始由核算工具向全功能货币转变，并在中国经济中扮演着日趋重要的角色。其中一个重要标志就是经济的货币化程度不断提高，各类金融机构不断增多，金融市场功能日趋完善。

在人民币对内功能恢复的同时，人民币的对外职能也开始显现。20世纪80年代中期后，人民币除作为外贸核算工具从而有换汇成本外，也开始有了外币现钞的牌价，其间出现了一个过渡的媒介——外汇券。这是由中国银行发行，用于替代外币现钞在境内流通的准货币。它联系着人民币，可在中国境内购买指定的商品和劳务，并因此产生了区别于官方牌价汇率的市场汇率。1993年底，这种双重汇率实现在现汇基础上的汇率并轨，标志着人民币建立在市场供求关系基础上的典型意义的汇率开始形成，外汇券也随之退出历史舞台。

1996年，人民币实现了经常项目下的可兑换。进入21世纪，尤其是中国加入WTO后，人民币资本项下可兑换也逐渐开放。到目前为止，按国际货币基金组织的标准，在资本项下43个科目中，人民币大部分已实现或基本实现可兑换，仅有3个涉及资本行为主体的科目还受到某种程度的管制。即外商直接投资的项目，需要进行审批；包括个人和企业在内的中国居民对外负债有规模控制，需要进行审批；中国资本市场有限制地对外开放，目前仅能通过合格境外机构者（QFII）的渠道进行。

与人民币对外职能逐步恢复相一致，人民币国际化的进程也随之开启。20世纪80年代，随着中国经济的对外开放，以及经济特区的出现，尤其是港澳台同胞和海外华侨已开始持有人民币资产并携带现钞出境，也相应地出现了境外黑市。20世纪90年代，中国沿海、沿江、沿边都纳入对外开放的进程。不仅人民币国际使用的地区和国家增多，而且人民币国际使用的功能日益丰富。尤其在沿边开放的进程中，人民币不仅作为国际贸易计价和结算工具使用，而且是负债和投资的工具，被双方国家正式或非正式认可。在某些国家的某些地区，如老挝、缅甸和越南北部地区，人民币成为事实上的锚货币，决定两国货币的比价关系。进入21世纪，人民币国际使用的功能和数量有了更大程度的扩展。

第一，边贸"地摊银行"。随着边贸互市规模的不断扩大，逐渐推动着人民币结算方式由现金向非现金方向发展，进而形成"地摊银行"模式的人民币流出渠道。这种"地摊银行"是民间自发形成的，不拘一格，针对不同的国家有不同的组织形式和业务流程。仅从边贸较为发达的云南省来看，就有针对越南的中越结算模式、针对老挝的中挝结算模式。但这些"地摊银行"的共同点是其尚未纳入正式的金融体系，是一种公开的灰色渠道，其业务量虽因国别和区域的不同而不同，但总体趋势是快速发展的。

第二，港澳地区的CEPA安排。港澳原先就有人民币的非正式交易。亚洲金融危机后，内地与香港开始了更紧密的经贸安排（CEPA）。作为这一安排的重要组成部分，人民币在港澳的使用由非正式走向正式化。2003年11月以后，香港的金融机构，主要是包括中国银行（香港）在内的商业银行，可以经营特定范围内的人民币业务，并由中国银行（香港）作为唯一的清算行，为中国人民银行提供人民币清算安排。随着在香港使用规模的扩大，人民币不仅用于经常项目，而且开始涉及资本项目。2007年6月以后，不仅内地金融机构开始在香港发行人民币债券，而且在内地经营的港资金融机构也开始发行人民币债券，特别是2009年9月，中国财政部首次以人民币形式在香港发行债券，成为海外人民币债券市场的基准。

第三，国家层面的货币互换。21世纪初，中国人民银行陆续与俄罗斯、越南、尼泊尔等六国签署了本币结算的边境贸易协议。随着时间的推移，本币互换协议开始升级，不再局限于边境贸易，而推广到正式贸易和投资。换言之，一旦双方的贸易和投资商以人民币计价结算和支付，可通过商业银行向其中央银行拆借人民币资金，而两国中央银行则通过货币互换来解决人民币资金来源。目前中国人民银行已与韩国、阿根廷、冰岛等11国签署了超过8432亿元人民币的货币互换协议。2010年，中国香港已准备实际执行这一互换协议。

2008年，由美国次贷危机引发的国际金融危机，加速了人民币国际化的进程。一方面，国际金融危机凸显了以美元为中心的现行国际货币体系的缺陷。美元汇率的剧烈波动，使国际贸易的计价和结算出现困难。而美元内在价值的长期趋贬，使国际储备货币出现分散化的趋势，相应的也使国际贸易计价和结算出现多元化趋势。在这一趋势面前，由于中国经济长期向好，人民币汇率相对稳定并具有升值趋势，人民币的国际需求日趋强劲。另一方面，此次国际金融危机虽然未对中国金融体系产生太大影响，但中国实体经济却因出口受阻而备受打击。为了稳定出口，降低汇率风险，应对金融危机，并满足亚洲经济发展的需要和国际贸易计价结算工具多元化的要求，2008年11月，中国政府决定在珠江三角洲、长江三角洲及广州、云南两省区开展针对东盟十国和港澳地区的人民币跨境贸易结算业务试点。

2009年4月,国务院正式决定在上海、深圳、广州、珠海、东莞等5座城市开展跨境贸易人民币结算试点。2009年7月,《人民币跨境贸易结算实施细则》公布,人民币跨境贸易结算试点首先从5个开展跨境贸易人民币结算试点城市的365家企业开始,同时符合条件的境内商业银行可以为这些企业提供跨境贸易人民币结算服务,并在条件成熟时,向境外企业提供人民币贸易融资。这一时期的试点主要针对港澳地区,其结算方式分为两种模式,即内地代理行模式(上海模式)和相关直接清算模式(香港模式)。所谓内地代理行模式,是指境外银行通过内地的代理行与中国银行上海分行和交通银行总行进行结算。所谓直接清算模式,是指境外银行通过中国银行(香港)进行结算,并由中国银行(香港)和内地中国人民银行进行直接清算。人民币跨境贸易结算试点的开展标志着中国第一次全面正式的人民币国际化安排的开启。

2010年6月,经国务院批准,《关于扩大跨境贸易人民币结算试点工作有关问题的通知》正式发布,将境内试点地区由之前的5个城市扩大到20个省(自治区、直辖市),将境外地域范围由港澳和东盟扩大到所有国家和地区。2010年12月,出口试点企业从初期的365家扩大到67724家。

2011年1月,中国人民银行发布《境外直接投资人民币结算试点管理办法》,允许试点地区银行和企业开展境外直接投资人民币结算试点。2011年8月17日,在国家"十二五"规划与两地经贸金融合作发展论坛上,国务院副总理李克强正式宣布"允许以人民币境外合格机构投资者方式(RQFII)投资境内证券市场,起步金额为200亿元"及"在内地推出港股组合ETF"。这意味着,随着人民币国际化向前推进,香港的投资者即将可以用人民币投资A股,而内地的投资者也将增加一个配置港股资产的渠道。

2012年4月16日起人民币汇率迎来了新时代,人民币对美元交易价浮动幅度由5‰扩大至1%,此次汇改措施使人民币汇率更具弹性、逐趋市场化。2012年6月中日两国政府达成人民币与日元直接兑换的协议并迅速开始执行，成为人民币排除美元中介、进入国际货币市场的首个直接兑换其他外币的个案，标志着人民币在国际外汇市场跨出的重要一步。

第二节　人民币国际化对金融安全冲击的路径

人民币国际化对我国金融安全的影响，可以从三个方面进行考察：第一，人民币国际化意味着我国将逐步取消对资本项目的管制，使人民币在更大范围内成为可自由兑换货币，我国的金融市场将面临外国投机资本的巨大冲击；第二，人民币国际化意味着我国金融市场更加开放，进入成本更低，外资金融机构也能更容易地进入我国市场与本土企业展开竞争，我国金融机构将面临外资金融机构的冲击；第三，人民币国际化后，由于汇率浮动、资本可自由流动、人民币可自由兑换，国内货币政策会受到严重影响，其效力的发挥会产生很大的偏差，进而可能对我国金融安全产生巨大冲击。

一、人民币国际化对金融市场的冲击

人民币国际化势必加速资本账户开放的过程，资本账户开放后，资本在我国境内外的流动更为便利，资本大规模流入将加大我国的对外负债，一旦内外市场的均衡机制发生改变，立即会引起大规模的资本转移，这无疑会对我国金融的安全运行造成巨大的冲击，加剧我国经济的衰退。

（一）资本大规模流入风险

从国家资产负债表看，一国经济中的负债包括两部分：一部分是经济部门的对外负债，另一部分是经济部门之间相互持有的金融债权债务。新兴国家金融危机的历史经验表明，一国经济总体对外负债过高必然导致该国金融脆弱性的增加，使其陷入金融危机的深渊。也就是说，金融危机实质是一国对外负债超过了其所能承受的负荷，而造成负债的直接原因就是

资本的大规模流入。因此，人民币国际化引发的资本规模流入风险值得研究和关注。

根据Kindleberger对金融危机演变的论述，结合中国的实际情况，人民币国际化后资本大举进入，最终诱发金融危机的演变历程共分为以下三个阶段。

第一阶段：人民币国际化后，资本来源有两方面，一方面，由于资本账户开放，人民币可自由兑换使资本进入更自由，一旦国内利率高于国际利率时，资本便会大量流入；另一方面，央行通过全世界发行人民币债券回收本币，使国内获得更多的流动性，于是宏观经济受外部资本流入的冲击开始走强。

第二阶段：资本源源不断地流入导致经济活动达到了顶峰，资产价格迅速膨胀，银行等金融机构部门纷纷大量放贷，企业部门过度负债，整个经济活动弥漫在投资热浪当中。于是，虚拟经济在短时期内迅猛发展，逐步偏离了实体经济的内在价值，呈现出一片欣欣向荣的假象。在此背景下，国内的"繁荣"进一步刺激了国际游资的进入，资产价格则进一步上涨。资本投资在短期内得到高额的回报，几乎所有人都把资产泡沫破灭的风险抛诸脑后。

第三阶段：随着资产泡沫越垒越高，资本需求的扩大势必导致货币流通速度的进一步加快，于是利率开始上升。利率的上升首先表现为企业部门资产负债的进一步扩大，导致企业部门的投资者出现还贷困难。随着银行等金融部门的不断逼债，投资者于是开始纷纷抛售金融资产套现，资产价格骤然下跌，大量资本开始撤离。资产泡沫破灭，大量坏账等不良资产无法收回，银行等金融机构面临着破产危机，金融危机升级。

纵观历史上每一次金融危机，无不都是由于市场过度自由化而最终酿成的后果。可见，人民币国际化过程中倘若货币当局没有意识到金融不稳定性是造成市场经济内在问题的原因，没有从宏观和微观的角度采取相应的监督对策，那么势必会推动金融危机的加速到来。

（二）资本大规模外逃风险

根据我国中央银行的资产负债表，从资产角度定义，我国的基础货币由国外资产（对世界其他国家的债权）即外汇储备、货币黄金、其他国外资产和国内净资产（包括对政府债权和其他公民债权等）两大部分组成；从负债角度定义，我国的基础货币主要表现为负债方的储备货币项目。在资产负债表上其他负债不变的情况下，任何资产的增减都会引起基础货币的增减；在中央银行资产方不变的情况下，其他负债的增减会引起基础货币的萎缩，并导致国内货币与信用量的明显收缩，对国家金融安全造成极大的冲击。

资本大规模外逃作为一种地下或者灰色经济，对资本原本就相对稀缺的中国经济来说，影响是相当大的。资本外逃导致一系列的不良后果，对金融安全产生巨大的副作用，具体来说主要表现在以下几个方面。

首先，资本大规模外逃将造成资本项目巨额逆差，最终导致国际收支失衡。人民币国际化带来的资本账户开放，给国际资本自由出入提供了契机，资本流动日益频繁，规模不断增大，经常项目在国际收支所占的比重最终将被资本项目所替代，国际收支的平衡在很大程度上取决于国际资本流动的状况。

其次，资本大规模外逃易造成人民币币值的不稳定。人民币国际化势必要求人民币汇率的自由浮动，而国际资本的频繁流动必然会加剧人民币汇率的波动，同样，人民币汇率的波动预期反过来又影响国际资本流动。从宏观上看，大量的国际资本流入使外汇储备增加，国际收支出现顺差，外汇市场上外汇供过于求，最终推动人民币汇率的升值，而人民币的升值预期反过来又加剧了国际资本流入。同理，大量的国际资本外逃则会引起我国外汇储备的减少，国际收支出现逆差，最终导致人民币汇率的贬值，人民币的贬值预期又加速国际资本的流出，形成恶性循环。因此，这背离了人民币国际化的目标之一，即要保持人民币币值坚挺。

最后，资本大规模外逃在一定程度上会削弱货币当局实施的宏观经济政策的效果。近年来中央政府为了缓解通货膨胀的压力，一直推行积极的财政政策和稳健的货币政策。人民币国际化道路注定中国的经济增长方式要由出口导向型逐步向扩大内需型转变，因此政府推行的宏观经济政策就显得尤为重要。然而大规模的资本外逃会造成流通中的实际货币量远远少于货币当局拟发的货币供应量，从而变相地抬高了实际利率，这势必会在一定程度上削弱财政政策和货币政策刺激内需的效果。

二、人民币国际化对金融机构的冲击

银行业作为金融市场的主体、经营货币的主体和货币流通的中介，在推进我国人民币国际化过程中发挥着举足轻重的作用，同时也面临着巨大的风险和冲击。本文以银行业为例，分析人民币国际化对我国金融机构的冲击和影响。

（一）外资银行冲击，国内银行竞争压力加大

人民币国际化后，银行业会存在两种竞争压力。一是来自于人民币境外市场上外资银行与中资银行的竞争。尽管中资银行在经营人民币产品方面具有本币经营的优势，但是，外资银行（如美国、日本、欧洲的一些跨国银行）在经营境外货币业务方面历史更悠久、经验更丰富、技术更先进、成本更低、效率更高，因此，我国银行必将会与外资银行在境外市场产生较为激烈的竞争。二是来自于境外离岸市场与在岸市场人民币业务的竞争。人民币境外业务的发展对国内竞争力不强的银行将是一个严峻的挑战。因为在人民币境外市场，银行可以分享人民币市场份额，且境外人民币市场的运作具有更大的灵活性和成本优势，如较低税收、较低的营运和交易成本、没有外汇管制、较低程度的公告和保密制度等，可以为客户提供多元化的投资组合，从而对在岸市场的银行形成竞争压力。

（二）国内银行国际化经营不足

人民币国际化要求我国的银行实施国际化经营。但目前，我国商业银

行海外分支机构数量较少。我国银行的资产布局和银行机构布局主要集中在国内，银行的海外分支机构数目较少，与发达国家和地区特别是美国、日本和欧洲相比有较大差距。以目前我国国际化程度最高的中国银行和美国花旗银行为例，中国银行在全球29个国家和地区建立了600多家分支机构。而美国的花旗银行致力于与美国经济全球拓展及美元国际化相配合，相继在100多个国家和地区设置了1300多个经营机构，形成强大的金融资产扩张网络和全球竞争态势。在2011年第109届广交会上，一些香港贸易企业家普遍表示，在跨境人民币结算给企业跨国或跨区域贸易带来便利的同时，企业也遭遇了一些服务上的"困境"。例如，在内地和香港之间跨区域的各家银行使用不同的清算系统，这也使得企业难以有效地管理资金，降低了商业运作的效率。由于内地合作伙伴没有在香港开立账户，香港的企业无奈放弃合作的情况时有发生。

（三）人民币结算规模有限，国内银行流程不畅通

目前，美元仍然是国际市场上主要计价结算货币，而人民币计价结算总体使用范围较小，主要存在于中国边境省份与邻国的边贸交易以及与港澳台的部分交易中，而在与欧、美、日等发达经济体的经贸往来中很少使用，其交易规模远低于美元等主要国际货币。目前，人民币正处于国际化的初级阶段，还未实现完全自由兑换，还没有建立起有效的人民币跨境清算系统。而人民币国际化要想达到美元、欧元的程度可能要经历相当长的时间。因此，在短期内，以至在人民币国际化后的相当长时间内，人民币计价结算的需求和规模都将是有限的。这样，我国银行也就无法产生人民币计价结算的规模收益。但是，人民币计价结算是商业银行必须承担的一项政策性业务，且没有兑换手续费，人民币结算渠道的开通会使银行原有结售汇收益下降，由此可能导致银行人民币结算收益难以抵补结算成本上升的现象，这必将对商业银行的赢利目标的实现产生不利影响。

（四）面临跨境金融非法活动风险和信息不对称风险

一方面，人民币国际化发展将进一步打通境内外资金流动渠道，客观

上为洗钱等非法金融活动提供了温床,这对国内商业银行对跨境资金流动的监测、防控和反洗钱等工作提出了更高要求。另一方面,人民币国际化的推进使得国内商业银行不仅要掌握境内试点企业的有关情况,还要了解其境外交易对手和境外参加行的相关信息,信息不对称风险明显加大。

三、人民币国际化对货币政策的冲击

货币政策是对一国经济进行宏观调控的重要手段,货币政策传导机制和执行效果的灵敏有效对一国经济金融的安全稳定发挥着至关重要的作用。在封闭经济条件下,一国的货币政策主要受国内经济变化的影响,同时在实施过程中实现对宏观经济的调整,其执行效果和传导机制较为灵敏;在开放经济条件下,一国的货币政策不但受国内经济变化的影响,而且不可避免地受到来自一国的外部经济以及世界经济各种变化的影响,货币政策的传导机制会因此变得更加复杂,从而增大了货币政策实施效果的不确定性及无效性。总结起来,人民币国际化对货币政策的冲击,主要表现在对货币存量的管理与监测和货币政策的独立性两个方面。

(一)货币存量的管理与监测难度加大

1.货币需求函数更加复杂

人民币国际化后,影响人民币需求的各种经济变量就不仅源于国内,还源于国际。由于凯恩斯货币需求函数形式过于简单,忽略了其他许多影响货币需求的具体因素,所以这里我们采用弗里德曼的货币需求函数:

$M=f(P, Rm, Rx, W, Yp, U)$

式中,M 表示名义货币需求量;P 表示价格水平;Rm 表示货币收益率;Rx 表示其他资产的收益率;W 表示非人力财富与人力财富的比率;Yp 为恒常收入,用来代表财富;U 表示其他随机因素。若剔除物价变动因素,则可得实际货币需求函数:

$M/P=f(Rm, Rx, W, Yp/P, U)$

人民币国际化下的货币需求函数一个重要的特征是考虑到了国外居民对人民币的需求。国外居民出于追逐利润、资产保值增值、规避风险的目的，也会对人民币产生需求，这部分人民币或者由个人、企业持有，或者通过外汇储备的形式由外国政府持有，因此，人民币国际化下的需求函数为：

M=f1（P, Rm, R*m, Rx, W,Yp,U）+f2（Rm, R*m, Y*p, E, U）

其中，R*m 表示外币的收益率，Y*p 表示国外居民的恒常收入，E 表示人民币与外币的汇率。式中，第一部分表示国内居民对人民币的需求，第二部分表示国外居民对人民币的需求。两部分中，都包括 Rm 和 R*m 是因为两类居民中都存在货币替代现象，影响国外居民对人民币需求的因素还有国外居民的恒常收入和该国货币与人民币之间的汇率。由上式可以看出，人民币国际化后，央行的货币供给变得复杂了。货币供给内生性理论指出，公众的货币需求会直接影响央行的货币供给，因此，公众调整货币需求会对央行的货币政策效果产生不确定的影响，它加大了宏观经济政策实施的难度，并使货币政策的有效性下降。

2.削弱货币政策的调控力度

目前，中国人民银行对货币供应量、利率、信贷规模具备较强的调控能力，货币政策调控的作用比较直接。人民币国际化后，国内和国际的货币需求会直接影响央行的货币供给，全球主要经济体对人民币的容纳与吞吐将对中国的货币供应量造成较大冲击，人民币发行量必须同时满足国内和海外的需求。在大量人民币在国际金融市场流通的情况下，中国人民银行对国内人民币的调控能力将会受到国际上流通的人民币的限制和约束，削弱中国货币政策调控的力度。

（二）削弱货币政策的独立性

1.利率杠杆作用受限

利率是一个重要的经济杠杆，央行可通过利率的变动，促进资本达到理想配置。但是，人民币国际化后，中国利率杠杆的作用就会受到限制，导致货币政策目标发生偏离。

在人民币国际化的情况下，一方面，利率上升会引起国际短期资本的大量流入，人民币升值，进而引起本国外贸出口减少，国民收入下降，结果导致物价下降。另一方面，利率升高、人民币升值会导致资本进一步流入，货币供应中外汇占款增多，投放的基础货币相应增多，利率下降，进而导致国内价格不降反升，抵消紧缩货币政策的作用。在其他条件不变的情况下，物价究竟是上升还是下降，取决于出口减少导致的物价下降与资本流入引起的物价上升之间相互抵消的程度。因此，人民币国际化后，利用利率调控物价的效果具有不确定性，其结果可能偏离原目标。

2.汇率政策工具部分失效

根据三元悖论的观点，一国不能同时维持汇率稳定、资本自由流动和货币政策的独立性，只能在三项中选择两项。由于高度开放的金融市场和货币价值稳定是国际货币的重要前提，因此国际货币发行国只有一种选择，即汇率稳定和资本自由流动的组合。人民币国际化进程，很可能导致中国在汇率政策上丧失主动性。实行人民币贬值策略不仅会损害到人民币支付体系，还会遭到持有人民币作为国际储备货币国家的反对，导致人民币的声誉受到损害。人民币国际化后，央行不会放任人民币大幅或频繁波动，这种目标可能与抑制通货膨胀的目标发生矛盾，实现内外平衡之间出现矛盾，限制货币政策调控的难度。

在浮动汇率制度下，不同政策偏好的国家可以运用自己的货币政策工具和财政政策工具，达到各自的宏观政策目的。但在人民币国际化的情况下，中国需要与一些国家建立货币合作和货币政策协调，这就会导致人民币汇率政策工具部分失效，限制货币政策的自主性。根据丁伯根的"工具—目标"法则，政策工具至少应该和目标数一样多。如果一国当局只有内部平衡一个目标，那么政府可以运用财政政策加以实现，汇率工具和货币政策自主性丧失的影响不大。但在同时考虑内外均衡的情况下，政府将面临政策工具不足的状况。虽然建立货币合作可以在一定程度上维持外部平衡，但在面对一国持久赤字，另一国持久盈余的情况时，人民币汇率政策工具失效将导致中国失去谋取外部平衡的政策工具。

3. 面临新的特里芬难题

特里芬难题最早是由 Triffin（1960）提出的，他认为美国为提供国际结算与储备货币，需要长期贸易逆差；而美元作为国际货币核心的前提是保持币值稳定与坚挺，这又要求美国保持长期贸易顺差。这两个要求相互矛盾，成为一个悖论。实际上，任何货币国际化的国家都会面临特里芬难题，它指出了货币发行国在以贸易逆差向储备国提供结算与储备手段的过程中，本币贬值压力与保持本币币值稳定间的冲突。

目前人民币的流通仅限于周边国家，境外流通量较小，所以对中国宏观经济的影响不大。但随着人民币国际化进程的不断深化，如果其他国家需要增加人民币作为国际储备资产，中国就必须通过国际收支逆差来满足该国的需要。持有人民币作为国际储备的国家越多，就意味着中国的国际收支逆差越大，而国际收支逆差又会导致人民币贬值。如果人民币持续逆差，持有人民币作为储备资产的国家将不愿持有更多的人民币。这样就使人民币面临因贸易逆差造成的贬值压力与保持币值稳定的冲突。近年来，中国的国际收支多年保持双顺差，外汇储备大幅增长，中国在为其他国家和地区提供人民币资产时还没有出现上述冲突。但在贸易方面，中国对亚洲地区的贸易已经出现逆差，而且中国正致力于扩大内需，一旦国内巨大的消费需求被唤醒，长期双顺差的局面就会发生彻底改变，大量人民币将滞留在境外，上述冲突就会凸显，导致中国政府面临与美国当年同样的两难选择。

第三节 日、德货币国际化中维护金融安全的方法探析

一、日元国际化中维护金融安全的方法探析

"二战"后初期，日本受到美国的严格控制，丧失了经济自主权。

1952年，日本恢复了经济自主权，日本经济开始复苏。随着经济的迅速崛起，日本在60年代末、70年代初成为资本主义世界第二经济大国。之后，日元国际化的进程逐步拉开序幕。但是由于日本政府在推进日元国际化进程中并没有有效控制货币国际化的相关风险，不但导致了日元国际化的失败，也对日本的金融安全造成巨大的冲击。因此，日元国际化带给我们更多的是风险控制的教训。

（一）从货币政策看日元国际化风险控制的弱化

日本政府在快速推进日元国际化进程中的宏观经济政策，尤其是货币政策并未跟上。由于日元国际化是在日元升值的伴随下发展起来的，日元升值带来的压力，如果通过采取提高利率的方法来控制，就会导致大量套利资金的流入，这样对日元升值将带来更大的膨胀压力。所以，日本此时已经完全无法根据国内经济发展的需要来调节货币政策了，国内政策为日元国际化和日元升值所绑架。外部的均衡压力已经迫使日本不得不放弃本国经济的需要。

（二）从货币升值看日元国际化风险控制的薄弱

第一，我们从日本经济发展中的10年低迷调整时期可以看出，虽然日元升值没有使日本的贸易顺差减少，但是日元升值却导致日本大量的本土产业出现了"空洞化"。这样的经济结构一方面使大量的日本企业急剧在海外扩张，国内的替代产业没有及时发展，产业结构变得十分脆弱。另一方面，与欧美国家存在的资本双向水平性流动不同，日本的资本流动基本上是单向的，由于很少有国外企业到日本投资，只有大量的资本从日本流出，这样严重削弱了其国际竞争力，这一点在日本企业陷入不景气时出现大量的不良资产就是较好的证明。

第二，较长一段时期，日元的升值却伴随着日本贸易收支的大量顺差，如此就会导致日本政府宏观调控的做法是大量购入外汇，增加了外汇储备，进一步放松了银根，使国内资产价格迅速膨胀，为以后危机的爆发埋下了隐患。

（三）日元汇率调控能力缺失

日元汇率常常在短期内大起大落，一方面说明日本政府缺乏安全调控本国货币的能力，另一方面日元汇率在很大程度上仍然患有"美元依赖症"，日元的独立性还没有真正形成。例如1973~1995年，日元兑美元汇率变动超过10%的情况出现过8次，1985~1986年曾出现日元一年升值40.5%的记录。在2001年底跌至1美元兑130日元左右后又开始大幅升值。日元汇率频繁大幅波动，给持有日元资产的国家带来很大的损失。为降低汇率风险，各国本能地排斥将日元作为储备货币，或在贸易结算中减少使用日元。

（四）从国内资本市场看日元国际化风险控制的不健全

一般认为，一国要实现货币国际化，必须有一个完善的国内金融体系为前提。而日本的国内金融市场却始终比较封闭，政府对金融业的规制十分严格，带有明显的"官商"特征。金融市场化程度低，票据、债券、外汇等金融工具类型单一，流动性差，再加上极高的汇率风险，收益率降低，这样很难吸引国际资本进入日本资本市场，日元国际化中风险可控缺乏灵活度。

（五）从金融管制的放松看日元国际化风险控制的滞后

日本的金融管制经历了先紧后松的过程。在20世纪80年代以前，日本的金融管制十分严格。但是80年代以后，日本出台了一系列资本自由化的举措，使资本项目得以发展，尤其是短期的资本跨境流动的迅速膨胀，以至于在短期内其资本市场的开放度就已经达到了欧美国家的水平。但是随着资本市场的迅速开放，日本的金融管制却显得滞后。例如，日本鼓励欧洲日元债券等离岸金融业务的发展，却没有出台相应的监管措施，其结构就是加剧了日本股市和不动产市场的价格高涨，长期被高估，加剧了泡沫经济的形成。

二、德国马克国际化

第二次世界大战结束后，在马歇尔计划的推动下，德国经济迅速恢复，对外贸易在50年代上半期就已出现顺差，外债得到清偿，国际储备逐步增长。从德国五六十年代经济崛起到80年代中期，德国雄厚的经济实力、稳定的货币制度和政策为马克的顺利国际化奠定了基础。随着国内经济金融长期保持稳定，马克的国际货币地位不断增强。1980年代中期以后，德国走向由市场需求推动的自发国际化道路，到1999年欧元诞生，马克最终实现了国际化。马克的成功国际化，为我们提供了货币国际化过程中维护金融安全的宝贵经验。

（一）德国反通货膨胀的货币政策

德国联邦银行一直以稳定币值作为其主要货币政策目标，提出了保卫马克的口号，1975年以来，通过制订和公布货币增长指标来实现这一目标。在70年代，美国、英国、法国、意大利、日本和瑞士等主要工业国，也采取了相同的以反通货膨胀为主要目标的货币政策。采取这种中期措施的原因是，货币当局认为短期内货币增长是决定名义收入增长和国际收支的重要因素，而中期货币的增长将主要影响通货膨胀率与名义汇率。

德国货币政策中期目标在保持币值稳定方面十分成功。与其他工业国相比，1970~1989年间德国的通货膨胀率最低，只有3.9%。这就给其货币政策树立了信誉，导致最终以德国马克作为欧洲货币体系汇率机制的名义支撑货币，同时使德国马克保持一定程度的独立性，减少了德国马克与其他欧洲国家货币之间名义汇率的变动。

（二）德国金融市场的发展

货币的自由兑换和货币的国际化是市场力量的结果。60年代末到80年代初，德国联邦银行试图限制德国马克的国际使用，因为在布雷顿森林体系下，资本流入的急剧波动会干预国内的稳定政策，例如1972年和1973年初，德国采取限制性的货币政策以降低通货膨胀，资金流入又迫使联邦银行干预外汇市场以支撑美元；同时为了抵消货币供应增加的干预效果，联邦银行只得采取更为有效的措施以吸引更多资金流入，仅1973年2月和3月，联邦银行就购买了85亿美元，在一定程度上又抵消了限制性货币政策。联邦银行为了从紧控制国内货币供应数量，就相对扩大了企业在国际货币市场上发行德国马克债券的权利。

特别要注意的是，德国对资金流动的限制主要是针对资金流入，而资金流出相对其他国家来说就显得比较宽松。联邦德国在50年代就放松了对资金流出的控制，主要原因是德国的经常项目顺差导致对外储备的稳定增加。最重要的限制资金流入措施是1968年德国联邦银行和商业银行之间的"君子协定"，规定只有德国商业银行才能成为发行德国马克债券的辛迪加贷款牵头人，而发行规模取决于中央资本市场委员会的批准，外国发行机构及其子公司只能在德国马克债券的辛迪加贷款中成为共同经理。另一个重要的限制就是债券发行的种类，规定只能发行普通固定利率债券，创新的金融工具如浮动利率债券、零息债券、货币互换、利率互换债券都受到严格限制。

联邦银行的限制措施削弱了德国银行在国际金融市场的竞争地位，例如限制外国银行为德国马克债券牵头经理的做法招致其他国家的报复，外国银行也不愿意接受德国银行为发行其他欧洲债券的共同牵头经理。直到80年代中期，德国联邦银行只得承认禁止市场力量对德国马克的资产需求是困难的，既然德国马克与其他国际投资货币相比较仍具有较强竞争力，那么将马克与世界金融市场相割裂是不明智的。因而，联邦银行将大多数限制德国马克债券发行的规定取消了，结果使德国金融市场迅速发展起来。

（三）德国金融机构国际化的程度稳步提高

与金融市场发展紧密相连的是银行的国际化。由于德国出口的扩张形成了对金融服务的需求，大出口商和外国分支机构要求德国银行提供更加便宜的服务和金融支持，因为获得本国银行的信息成本要低于外国银行。表1-2表示德国与其他国家的对外依存度的比较，[1]80年代，德国进出口额占国内生产总值的49%，而美国仅为15%。

一个国家对外依存度越高，其金融市场必然逐步开放。而且从世界经济一体化的趋势判断，各国不断发挥其本国的比较优势，世界进出口贸易

---

[1] 殷醒民：《从德国马克的国际化过程看金融稳定的基础》，载《世界经济文汇》1998年第1期。

上升的速度超过了世界工业生产增长的速度，对金融业的国际化服务要求也就上升。因而，各国金融市场在贸易推动下扩大了开放度，以促进本国经济的增长。

表1-2 进出口值与国内生产总值的比例

%

	德国	美国	英国	日本	法国
1970~1974年	36.0	10.2	36.6	19.8	29.1
1975~1979年	42.0	14.7	44.4	21.5	35.2
1980~1984年	49.7	15.9	42.6	24.6	38.8
1985~1989年	49.6	15.3	43.6	18.0	36.9

随着一种货币的国际使用范围扩大，贷款、投资、商品和劳务通过货币发行国的金融机构大大增加，使金融部门的收入必然增加，扩大了金融业在国民经济中的比重。

（四）积极参与区域经济和货币金融合作

马克力推欧洲货币单位的诞生，随着欧洲货币单位地位的提高，马克的地位也得到提高。事实上马克因为其稳定的币值以及良好的国际声誉在欧洲货币单位中处于中心货币的地位，并且成了欧洲货币体系的干预货币。这也是马克区域化的 种表现。当马克面临升值压力时，欧共体区域内货币联动机制也减缓了马克的压力，减少了外部流动性的冲击，反过来保证了马克的稳定。欧洲货币一体化的不断发展，从制度上进一步推进了马克的国际化，使其最终成为主要的国际储备货币与国际证券计价货币，完成从区域货币到国际货币的转变。

第四节　我国未来货币国际化过程中维护金融安全的对策

人民币国际化是中国经济持续增长和综合国力不断增强的必然趋势和

必然要求。然而，在人民币国际化的进程中仍然存在着许多不确定性因素和风险，如果对这些风险的防范和控制不当，可能对我国金融安全造成影响和冲击。因此，我国有必要采取积极的措施，在人民币国际化过程中有效地维护金融安全。

一、外汇管理方面

从20世纪80年代以前的人民币不可兑换，到1994年实现经常项目下有条件的兑换，然后到1996年12月1日实现人民币经常项目下可兑换，再到目前部分实现资本项目可兑换，我国对人民币管制的程度越来越宽松。但是，放松管制并不等于取消管制，也不意味着不需要管制。为减少不必要的波动及风险，推进人民币国际化的顺利进行，我国在今后相当长的一段时间内有必要继续实行有计划、有策略的外汇管理措施，积极稳妥地推进人民币国际化进程。第一，改变传统思维，树立外汇"均衡管理"理念；第二，重点加强和改进短期跨境资本流动监管；第三，明确人民币国际化过程中外汇管理的方式和手段。

二、银行体系方面

人民币国际化过程及国际化之后，都可能对中国银行业的资产业务、负债业务、中间业务、银行利率、银行利润产生方向和程度不同的影响。因此，从银行业的角度来看，人民币国际化既是机遇也是挑战。国内商业银行应未雨绸缪，努力提高自身的抗风险能力和赢利创新能力，更好地利用人民币国际化带来的机遇，同时避免潜在的不确定性及风险所造成的冲击。一是要提高中国银行业的资产质量，二是要建立中国银行业全面的风险管理体系，三是要积极推进银行机构主体的国际化进程，四是要加强中国银行业的审慎监管。

三、货币政策方面

在人民币国际化过程中及人民币国际化成功之后，货币政策的效果不可避免地将受到干扰，货币供给的被动性加强，货币政策通过再贷款、公开市场操作等手段的主动调控空间缩减。因此，在人民币国际化条件下，中国人民银行更需要建立明确的货币政策目标，更加灵活地运用公开市场操作以及存款准备金率、再贷款利率以及其他间接的调控手段，保障国内货币政策的实施。一方面，防止外国资本对本国货币政策执行乃至整体经济运行环境的过大干扰；另一方面，保持人民币币值稳定，为人民币国际地位的巩固和深化提供积极稳健的制度环境和经济环境。为此，应采取下列措施：一是要完善货币政策的决策过程和调控机制，二是要明确人民币国际化条件下的央行货币政策中介目标和最终目标，三是要充分发挥货币政策三大政策工具的作用，四是要改进信贷政策和货币政策传导机制。

第二章　外汇储备与金融安全

外汇储备是国际储备中的一种，而且是最重要的一种。简单来说，外汇储备指可随时供货币当局使用和控制、用于平衡国际收支以及其他功能的对外资产。外汇储备资产包括外币存款、债券、债券回购、同业拆放、外汇掉期、期权等各项资产。外汇储备的主要功能是：调节国际收支平衡，维持本国货币汇率稳定，保证向国外借债和偿还本国外债的能力，增强综合国力和防范突发事件的能力。

第一节　外汇储备的内涵与功能

一、外汇储备的内涵

外汇储备是国际储备的重要组成部分，在国际储备中所占的比重和发挥的作用越来越大，所以在研究外汇储备之前有必要先了解国际储备。国际储备产生于开放经济下，是国际货币体系的核心问题，是支持与加强一国货币信誉的物质基础。国际储备能发挥调节国际收支"缓冲器"的作用，可充当偿还外债的保证，因而保证了各国间的清偿力，是稳定世界经济的一个重要因素。

国际组织对国际储备的定义主要有三种。第一种是十国集团（Group of Ten）对国际储备所下的定义："当一国对外收支发生逆差时，该国金融当局能直接利用或有保证的通过对其它资产的兑换，以弥补国际收支逆差和保持汇率稳定的一切普遍接受的资产。"第二种是世界银行（World Bank）所下的定义："国家货币当局占有的那些国际收支出现逆差时可以直接或通过其它资产有保障的机制兑换其它资产以稳定该国汇率的资产。"由此可见，国际储备既是一种支付手段，可以作为对外支付的准备金，更是一种干预资产，其职能是货币当局进行外汇干预的手段，以维持本国货币汇率的稳定。第三种是国际货币基金组织（IMF）在其《国际收支手册》中对国际储备的组成的明确的定义：国际储备包括货币资金、基金组织中的特别提款权（SDR）和储备头寸、中央政府持有的直接用于平衡国际收支差额或通过干预本国货币汇率渐渐平衡这一差额的对非居民的债权。

外汇储备是国际储备中的一种，而且是最重要的一种，2011年IMF年报数据显示外汇储备占国际储备的比重达到85%。IMF对外汇储备的解释为："它是货币行政当局以银行存款、财政部库存、长短期政府证券等形式所保有的，在国际收支逆差时可以使用的债权。"简单来说，外汇储备指可随时供货币当局使用和控制、用于平衡国际收支以及其他功能的对外资产。外汇储备资产包括外币存款、债券、债券回购、同业拆放、外汇掉期、期权等各项资产。目前被广泛用作储备外汇的包括美元、英镑、日元和欧元等。外汇储备具有四个基本特征：第一，为国家直接持有；第二，是国际通行的可自由兑换货币；第三，储备资产必须具有流动性；第四，其主要作用是用于平衡国际收支和稳定汇率。外汇储备作为国际储备的一种主要形式，同样具有国际储备的功能，即支付手段和干预手段。所以，外汇储备标志着一国的国际金融实力、在国际经济中的地位和参与国际经济活动的能力。

二、外汇储备的功能

外汇储备是当今国际储备中的主体，外汇储备的主要功能有以下四个方面：

第一，调节国际收支平衡。随着国际交往及国际经贸合作的不断增多，一国的国际收支经常会出现不平衡，通过各种传递机制对国内经济产生不利影响。一般说来，对于短期性国际收支逆差，可直接动用外汇储备来弥补；对于长期性的国际收支逆差，则需要采取经济政策调整。但为了避免过快调整所带来的国内经济震荡，保持稳定的经济增长速度，就需要动用外汇储备作为辅助手段。

第二，维持本国货币汇率稳定。外汇储备资产对稳定一国货币汇率起到了一定的积极作用：当本国货币汇率下降时，货币当局便可抛售外汇储备，用以收购本国货币，维持汇率稳定；在国际游资对本国货币产生冲击的情况下，货币当局可通过调节储备资产的构成以抵制这种冲击，并维持本币在外汇市场的坚挺走势。

第三，保证向国外借债和偿还本国外债的能力。一国在必要时可将储备通过兑换或直接用于支付进口净额与对外债务。因此外汇储备是向国外借款和还款付息的一项重要保证，也是国际银行界评估该国偿债风险的主要指标之一。充足的外汇储备可以增强一国的资信,吸引外国资金流入,达到顺利进行举债的目的。

第四,增强综合国力和防范突发事件能力。随着外汇储备规模的不断增大,会增强一国的综合国力。同时,外汇储备具备了减轻突发事件如自然灾害,经济、金融危机等一系列负面影响的能力。特别是在国家经济动荡或是遇上战争灾难时,外汇储备是一国重要的战略储备。

第二节 我国外汇储备的规模与结构

一、我国外汇储备的规模

改革开放以来,我国外汇储备经历了由短缺到充足,再到高速增长直至超额储备的过程。自1994年外汇体制改革以来,我国外汇储备规模大幅增加。1996年底,我国外汇储备首次突破1000亿美元,此后到2000年,我国外汇储备都保持相对平稳的上升态势。从2001年开始,外汇储备进入了快速增长的通道。2006年2月,我国的外汇储备达到8537亿美元,首次超过日本,居世界第一位。截至2010年末,我国的外汇储备余额已经达到了28473亿美元。2011年3月份,我国外汇储备冲破3万亿美元大关。外汇储备增长率在2001年至2011年间的变化虽有起伏,但是总体来说是大幅增长的,年平均增长率达到了31.59%。截至2011年末,我国外汇储备余额为31811.48亿美元,较2010年增长了11.72%。

二、我国外汇储备的结构

(一)我国外汇储备的币种结构

目前,从公开可得的数据来看,我国外汇储备货币主要包括美元、欧元、日元、英镑等储备币种。国内学者研究表明,我国外汇储备币种结构中，美元所占的比重最大。

图2-1 1993~2011年中国外汇储备月度数据[1]

2005年12月，国际货币基金组织（IMF）首次以季度报告（COFER）的形式发布了全球外汇储备的货币构成及主要储备货币官方持有量的变化。从2011年IMF最新一期的年报公布的数据来看，世界外汇储备币种结构和发展中国家外汇储备币种结构分别如表2-1和表2-2所示：[2]

表2-1 1999~2009年世界外汇储备币种构成

%

年份	美元	日元	欧元	英镑	其他
1999	71.0	6.4	17.9	2.9	1.8
2000	71.1	6.1	18.3	2.8	1.7
2001	71.5	5.0	19.2	2.7	1.6
2002	67.1	4.4	23.8	2.8	1.9
2003	65.9	3.9	25.2	2.8	2.2
2004	65.9	3.8	24.8	3.4	2.1
2005	66.9	3.6	24.0	3.6	1.9
2006	65.5	3.1	25.1	4.4	1.9
2007	64.1	2.9	26.3	4.7	2.0
2008	64.1	3.1	26.4	4.0	2.4
2009	62.2	3.0	27.3	4.3	3.2

[1] 数据来源：国家外汇管理局官方网址（http://www.safe.gov.cn/）。
[2] IMF,Annual Report 2011.

表2-2 1999~2009年发展中国家外汇储备币种构成

%

年份	美元	日元	欧元	英镑	其他
1999	74.2	3.9	17.5	2.6	1.8
2000	74.8	2.7	18.1	2.6	1.8
2001	73.8	2.4	19.7	2.8	1.3
2002	68.6	1.7	25.3	2.8	1.6
2003	63.1	1.1	30.2	3.8	1.8
2004	63.0	1.3	29.2	4.9	1.6
2005	62.7	1.5	29.2	5.1	1.5
2006	61.5	1.3	29.5	6.0	1.7
2007	62.0	1.8	28.6	5.9	1.7
2008	60.7	1.9	30.0	5.4	2.0
2009	58.5	1.8	30.1	5.9	3.7

从表2-1和表2-2可以看出，虽然美元在世界外汇储备币种结构和发展中国家外汇储备币种结构中的比重在2001年以后有所下降，1999年后欧元的比例迅速上升，但是总的来看，美元仍是包括发展中国家在内的世界各国的主要储备货币。

由于我国实施外汇管制，中央银行掌握了绝大部分的外汇资源，投资美国的外汇也主要来自外汇储备，因此我们可以近似用美国财政部公布的中国在美国投资的美元证券的份额来替代我国外汇储备中的美元资产。而由于中国的外汇储备在发展中国家外汇储备中的比重很大，因此在币种结构上应该和发展中国家外汇储备币种结构相类似，根据张文政、许婕颖（2005）的测算，我国币种结构现状如表2-3所示：

表2-3 我国外汇储备币种近似构成

%

币种	美元	日元	欧元	其他主要货币
比例	48.85~52.35	18.15~24.5	17.4~21.15	7.7~12.1

目前我国的外汇储备币种结构存在的问题集中体现在我国外汇储备以美元资产为主,币种结构过于单一。在全球金融危机、人民币持续升值、美元对其他主要国际储备货币中长期贬值的背景下,将带来以下两方面问题:

第一,储备贬值的风险突出。我国官方外汇储备近70%是美元资产,在当前人民币不断升值、美元汇率持续走低之时,外汇储备势必遭受"缩水"的风险。有研究认为,近两年来,美元对各种主要国际货币贬值20%左右,美元持续贬值将直接导致中国外汇储备资产损失数百亿美元以上。

第二,不利于储备职能的发挥。外汇储备的职能主要有以下三个方面:保证国际支付能力;调节国际收支,干预外汇市场;维持本国货币汇率稳定,增强本国的对外信用保证。在储备结构的管理过程中应力求外汇储备的货币结构能与国际收支中使用的货币结构相匹配。近几年来,中国与欧盟双边经贸关系快速发展,欧盟已成为我国第一大贸易伙伴,集中于美元的外汇储备结构是不适应我国当前日益扩大与加深的国际贸易广度与深度的,并且与我国的外债结构也不相一致。

(二)我国外汇储备的资产结构

外汇储备持有形式主要有:海外高等级的政府债券、国际金融组织债券、政府机构债券和公司债券等金融资产。由于美国国债相对来说在安全性、流动性、收益性三方面与其他资产形式相比具有优势,购买美国国债及其他由政府信用支撑的债券,成了我国外汇储备投资的主要方式。根据美国财政部网站的年度报告显示(见表2-4),[1] 近年来,我国投资于美国证券的资产占当期外汇储备总额的60%~70%。其中购买债券的资产占到总投资的95%以上,且以长期债券为主,短期债券投资不足8%;用于投资股权的外汇甚微,只占投资总额的1%~3%,尽管近几年来这一比例有所上升,但与世界30%的平均水平相比还有很大差距,这说明我国外汇储备主要以美国长期债券的形式持有,资产结构较为单一。

---

[1] 根据美国财政部年度报告数据整理而得。

表2-4 2003~2008年6月我国持有美国债券结构

单位：10亿美元

年份	债券总额	股权	长期债券	短期债券
2003年6月	256	2	250	4
2004年6月	341	3	320	18
2005年6月	527	3	485	40
2006年6月	699	4	678	17
2007年6月	922	29	870	23
2008年6月	1385	37	967	38

过于偏重于美国国债的资产结构产生的主要问题就是储备资产投资收益低。我国外汇储备主要都投资在美国国债和其他高信用评级的债券上，而这些债券的平均名义收益只有4%~5%，而且在近些年有不断下降的趋势。近年来，美国长期债券的收益几乎是一路下滑。如果考虑到通货膨胀和美元贬值的因素，这些债券的实际收益率更低。结合我国具体实际，巨额外汇储备已经满足了对外贸易和偿付外债的需求，外汇储备的流动性目标基本得以保障。因此，对我国外汇储备资产结构优化的关键是优化我国外汇储备投资结构，以更好地实现收益性目标，提高外汇储备的投资效益及其运营效率。

第三节　外汇储备的成本收益分析

一、超额外汇储备的利弊分析

庞大且激增中的外汇储备从有利的方面分析，有利于维护国家和企业的对外信誉，增强海内外对中国经济和人民币的信心；有利于拓展国际贸易，吸收外商投资，降低国内企业的融资成本；有利于维护金融体系稳定，应对突发事件，平衡国际收支波动，防范和化解国际金融风险。

虽然充足的外汇储备是一个国家金融安全的保证，但巨额外汇储备的负面影响随着储备的与日俱增也渐渐浮出水面。

首先，货币政策的独立性被削弱，增加了货币政策的操作难度。

外汇储备对货币供应的影响可表示为：

国际收支顺差→外汇储备增加→外汇占款增多→基础货币增加→货币供应量增加。

由于国际收支持续双顺差，我国的外汇储备节节攀升。目前我国实行强制结售汇制，中央银行被动收兑外汇，外汇储备增加是以增加中央银行外汇占款形式的基础货币投放为代价。外资的大量流入迫使中央银行在外汇市场大量买进外汇，造成外汇储备急剧增加。通过传导机制，过量的外汇储备必定会造成人民币供应过多，流动性过剩，通货膨胀严重。所以，央行必定会采取相关措施来对冲这部分流动性过剩，如发行央行票据、公开市场操作、提高法定存款准备金率等，以缓解外汇占款高增长对基础货币投放所带来的影响。这些相关措施将会制约和影响自主性货币政策的制定和实施，从而影响货币政策的独立性和有效性。但法定的存款准备金率并不能脱离实际的无限制提升，这是由于一国的信贷规模实际上反映的是该国经济发展的实际所需的规模，如果是不符合实际需要的短暂压制行为，将必然会导致一定的报复性反弹。以 2007 年我国出现的流动性过剩问题为例，由于当时的通货膨胀现象较为严重，所以央行 6 次上调存款准备金率最终至 15%，大量收紧流动性。然而依据 2008 年央行的经济报告，人民币各项贷款业务总量增加了 26.97 万亿人民币，同比增长幅度达到了 16.7%，而且这一增幅同比高出了 0.64 个百分点。银行房贷额大幅反弹说明国内企业的发展需要大量资金。这些都会削弱货币政策的效果。统计数据显示，截至 2011 年底，我国拥有 3.18 万亿美元的外汇储备，按现行汇率 6.29 ¥/$ 换算就有 20 万亿的基础货币被投放到市场。这不仅加剧了通货膨胀的压力，而且弱化了中央银行对货币供应量的控制能力，大大削弱了我国货币政策的独立性与有效性。

其次，增加了储备资产管理的难度与风险。

防止资产缩水和保证其有效收益是储备资产管理的两个目标，而我国储备资产的管理在这两方面做得并不理想。目前我国外汇储备的 70% 以上用来购买美国国债。只要美元贬值，外汇储备就会缩水，而金融危机之后美国的经济持续不振，美元大幅贬值，这种投资承担着美元贬值的损失。因此拥有庞大的外汇储备，意味着要付出高昂的成本。

再次，巨额储备加剧人民币升值压力。

在现有的人民币汇率制度下，如果央行没有有效的资产来对冲过多的外汇占款，外汇储备的迅速增加就会推动人民币的不断升值。人民币的坚挺可以提高我国经济在国际上的地位，使人民币在国际上发挥重要作用。但它也是一把双刃剑，人民币升值不仅会让大量的国际热钱涌入，同时也会削弱我国产品在国际上的出口竞争力。在目前出口是中国经济增长一大动力的情况下，会导致我国经济增长的速度下降，影响经济的持续发展。另外，短期投机性资本的流入，造成过度的资产投资，使资产价格上涨，而后热钱进一步涌入。

最后，过多的外汇储备对国家的整体福利是一个巨大的损失。

如果中央银行发行的基础货币不是用来购买外汇储备，而是用来购买政府债券，中央银行按流通需要发行的基础货币就可以为政府财政提供额外的收入，用以满足对政府财政开支的各种需要。所以过多的外汇储备实际上耗费了政府财政可以动用的一份重要资源，对国家的整体福利是一个巨大的损失。

二、外汇储备的成本收益分析

我国目前的外汇储备成本主要由以下几个方面构成：

第一，外汇储备的机会成本。外汇储备是一种以外币表示的金融债权，相应的资金存放在国外，并未投入国内生产使用。这就是说，拥有一笔外汇储备，就等于放弃这笔资金在国内投入使用的机会。外汇储备虽然可以在国外投入使用，但是这种使用效率与在国内的使用效率存在着差异。外汇储备的机会成本就应当是同一数额的外汇储备资金在国内的投资收益与在国外的投资收益之差。

近年来，我国的储备主要是美元，其在美国的投资渠道主要是美国国债和银行储蓄等。美国经济学家布拉德·塞泽尔估算中国外汇储备中大概有70%为美元资产，20%为欧元资产，另外10%为包括日元和韩元在内的其他货币资产。这两项投资的年收益率在3%左右。

作为对比，要分析我国国内的投资收益情况。在我国国内的各个行业中，不同行业的情况差别是很大的，最近几年经济危机爆发前，汽车行业的利润率在20%以上，房地产、钢铁、铝业等传统行业近年的投资年利润率也在15%左右，集成电路、信息网络、软件等行业的收益率也不低于这些传统行业，即使一些劳动密集型行业如纺织业、日用品制造业的收益率也在10%左右，这还不包括随着投资所产生的收入增加而增加的社会效益。据此估算，近几年企业投资利润率的一般综合水平应在10%左右。

根据这些数据，我国外汇储备的机会成本应占到外汇储备总额7%的水平，如果按2007年底3.18万亿美元的外汇储备规模计算（不作外汇储备资产区分），这项成本是2226亿美元/年，折算为人民币为1.4万多亿元。这就是说，拥有3.18万亿美元的外汇储备每年得付出1.4万多亿元人民币的代价。

第二，汇率风险引起的外汇储备成本。首先来看美元贬值对外汇储备的成本带来的损失。从金融危机开始，美国为复苏国内经济开始施行量化宽松的货币政策，美元不断贬值，强势美元转为弱势美元。这对于持有大量美元外汇储备的我国来说是个灾难，它意味着我国大量的外汇储备会由于美元的贬值而缩水，顷刻化为乌有，造成我国资产的极大损失。举个例子来说，如果美元贬值10%，按照2011年底我国的外汇储备3.18万亿美元计算，损失为3180亿美元，大概合2万亿人民币，占到2011年财政收入 103740 亿人民币的 19.3%，从数字可看出损失是巨大的。我国显然在为美国遭受的经济损失买单。其次来看人民币升值对外汇储备的成本带来的损失。由于我国经济的快速发展，外汇储备规模的快速增长，近期人民币不断经受升值的压力，人民币升值过快、升幅过大同样会导致外汇储备的缩水，使我国利益蒙受损失。人民币对美元升值意味着：人民币在美国市场的名义购买力增强，同量人民币可以换得比以前更多量的美元，可以买更多的美国商品。但是，如果人民币对美元升值 1%，则中国持有的美元资产即对人民币贬值 1%，中国的国家外汇储备虽然名义价值仍为 3.18 万亿美元，似乎没有减损，但实际币值对人民币则将自动减损 1% 即 318 亿美元，相当于损失 2000 亿以上的人民币，其所带来的影响不可小视。

第三，发行中央银行票据的成本。在我国现行的外汇管理体制下，外汇储备的不断增加要求央行发行与之等额的人民币，这表现为外汇占款，为了冲销外汇占款导致的基础货币供应量的快速增长，央行采取了发行央行票据的负债方式来回笼货币。但随着发行数额的增加和利率的提高，央行支付的利息也不断增加。央行通过增发票据来冲销外汇占款，央行为销售这些票据所支付的利息，通常要高于其以外汇储备形式持有的美元或欧元金边债券所得到的利息。而且为了吸引金融机构用央行票据置换其超额准备金存款，央行必须在收益率和流动性两个方面为金融机构提供比超额准备金存款更为优惠的条件，这些都使得冲销成本十分昂贵。央行票据的发行规模越大，央行付息的压力就越大，由于央行票据是滚动发行的，因此付息也是连续的，要不断对到期的央行票据还本付息。中央银行在超规模发行票据以实现调控目的的同时，也付出了相应的调控成本，其负面效应正逐渐显现。大量地发行央行长期和远期票据进行冲销可能导致将来的通货膨胀，如票据集中到期的还本付息，可能导致基础货币的大幅增加。由于中央银行票据功能单一，发行收入不仅不能产生经济效益和更广泛的社会效益，还要为其支付数以千亿元计的费用和利息，所以用央行票据执行货币政策成本过高。而且由于持续干预和票据利率上升，央行干预的成本也不断上升。据计算,至2008年4月24日,央行需要为已到期和未到期的央票支付总额逾5101亿人民币的利息,在以后相当长的一段时间内,央行还将继续背负这个越滚越大的负担。

与外汇储备的机会成本相对应的是外汇储备的机会收益,它表示利用机会而得到的收益;反之,放弃机会便构成了成本。国家保有外汇储备就是放弃了国内的投资机会,选择了在国外的投资机会,这种利用外汇在国外的投资行为就构成了外汇储备的机会收益。目前我国外汇储备主要投资在美国的国债和银行储蓄等,投资年收益率在3%左右。现有外汇储备的投资额乘以投资收益率就是外汇储备机会收益,如按2011年外汇储备3.18万亿美元计算应是每年954亿美元,计6000多亿人民币的收益。

陈磊(2009)在《中国外汇储备的成本收益和适度规模》中通过模型计算得出结论:如果只考虑货币管理当局的收益,我国外汇储备每年会带来净收益78.8亿美元,平均收益率不到1%,但是如果同时考虑到居民部门和商业银行,我国外汇储备每年要付出819.7亿美元的成本,相当于借入年利率为5.36%的资产。国内商业银行与国内居民部门是外汇储备成本的主要支付者,两部门承担外汇储备的净成本分别为179.3亿美元和719.2亿美元。以上测算可得我国每年为外汇储备支付的成本大约为819.7亿美元,这一数据未必是精确的数据,但却可以看到外汇储备的成本远大于收益。

第四节　我国外汇储备的运用

目前,我国的外汇储备大致用于以下几个方面:

首先,我国外汇储备主要用于购买美国国债和美国财政部中长期债券。由于美国是我国最主要的贸易伙伴,同时美元又是世界最主要的国际结算货币,因此我国外汇储备有近70%的部分是以美元资产形式持有的,包括美国国债、住房抵押贷款担保证券和公司债券等。

其次，我国还利用外汇储备帮助国内金融机构实施股份制改革。2003年年末，我国成立中央汇金投资有限责任公司（简称汇金公司），由其代表政府运用外汇储备首批向中国建设银行和中国银行分别注资250亿美元和200亿美元支持其股改上市，后来又分批向中国工商银行、光大银行注资。此外，汇金公司也向一些资本金不足的证券公司如银河证券、申银万国证券和国泰君安证券等注入资金。

再次，我国利用外汇储备参股和控股国外企业。2007年9月，中国投资有限责任公司（简称中投公司）成立，其主要任务是管理我国的外汇储备，在《公司法》的指导下，通过企业式运营方式保证外汇储备的保值增值。成立以来，中投公司已陆续出资30亿美元认购美国著名的投资集团黑石公司9.9%的股权，出资1亿美元认购中国中铁H股股份，出资50亿美元认购美国著名投资银行摩根士丹利近10%的股份等，实施了一系列的投资行为，但损失惨重。可见，如何更加合理有效地利用巨额外汇储备以保证金融安全成为我国急需解决的一大难题。

最后，我国还运用部分外汇储备进口战略性产品。产品内容涉及农产品、飞机、软件、汽车及零部件、电子器件、通信产品和医疗设备等我国经济发展急需的战略性资源和产品。

下面通过分析我国主权财富基金中投公司投资黑石集团和摩根士丹利的两个案例，来分析我国在运用外汇储备方面存在的问题。

一、投资黑石

2007年5月，还在筹备中的中投公司与美国黑石集团达成30亿美元的投资意向。6月22日，美国黑石集团在纽约证券交易所上市，其发行价为每股31美元。而中投公司的购入价为每股29.605美元，并承诺四年内不予出售。

黑石集团成立于1985年，是美国第二大私募基金公司，管理的资产达884亿美元,2001年起至2007年的年资金平均增长率达41.1%。

2007年5月22日,尚被外界称为国家外汇投资公司的中投公司下了第一单,在黑石集团还未上市挂牌时就以30亿美元购买了占该公司总股本9.9%的无投票权的股权单位。由于其没有公司内部投票权,不参与企业管理决策,中投公司将在收益、财产清算的分配顺序等多方面获得补偿。在黑石集团IPO时,中投公司以每股29.605美元的价格购买了1.01亿股,投资锁定期为4年,期限结束后,中投公司每年可以出售其1/3的股份。

6月22日,美国黑石集团公司上市的第一天,收盘价为35.06美元,涨幅为13.1%,使得中投公司的账面赢利高达5.51亿美元。然而好景不长,接下来由于美国政府提高了利润分成税收,导致合伙企业的税负由15%提高到普通法人公司水平的35%,在这种政策调整下,黑石集团在纽约交易所上市后便呈下跌之势。此后又由于受到美国次贷危机的进一步影响,美国宏观经济衰退,股市狂挫,导致中投公司这笔投资在7月末浮亏高达5亿美元。接下来黑石集团股价不断下跌,到美国时间7月26日,黑石每股已不到26美元,按照中投公司每股29.605美元的购入价,账面亏损达4亿美元左右。7月27日美国股市收盘时,黑石股价已经从首日上市时的36.45美元,下跌到24.30美元。2008年3月3日,黑石集团的股价再创新低,股价跌至14.58美元,导致中投公司账面浮亏14.63亿美元。从2008年3月到2008年10月期间虽然有所波动,但始终没有突破20美元关口,随后一直呈下跌趋势。在2009年2月16日时,黑石集团的股价跌至历史最低点,当日收盘价为3.96美元,与购买价格29.605美元相比,中投公司投资黑石的收益率已为-78.65%,账面亏损额约达25.356亿美元。

投资黑石已是饱受质疑,2008年10月20日黑石集团向美国证交会(SEC)提交的一份文件显示,中投公司将增持该公司股份,从现有的9.9%增持至12.5%,增持部分为具有投票权的普通股。这是中投公司在黑石的投资市值大幅折损后首次增加投资。在中投与黑石达成的协议中规定,中投自10月14日起被允许从公开市场购入黑石的股份,大约需增持0.27

亿股才能达到12.5%的上限，按照当时股价计算，中投的这单交易需耗资近3亿美元。截至2011年10月26日，黑石集团股价为14.13美元，浮亏约52%。中投投资于黑石公司的时机、策略和结果被广为诟病。

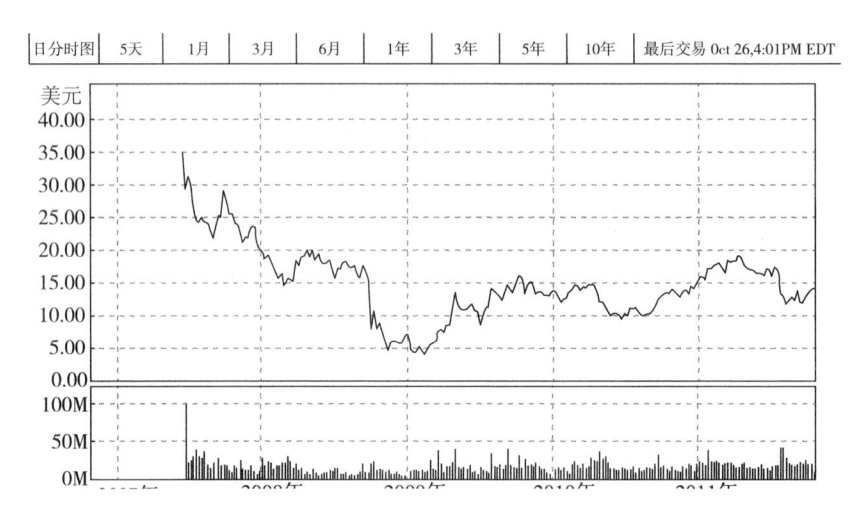

图2-2 2007~2011年黑石公司股价走势

二、投资摩根士丹利

2007年12月，中投公司宣布购买约50亿美元的摩根士丹利发行的一种到期后需转为普通股的可转换股权单位，转换价格最高不超过参考价格的120%。股权单位全部转换后，中投持有的该公司股份约为9.86%。2009年6月，中投公司基于对摩根士丹利享有的优先购买权，且认为其股价偏低，于是又追加购买摩根士丹利12亿美元普通股。

摩根士丹利是一家全球领先的国际性金融服务公司，业务范围涵盖投资银行、证券、投资管理以及财富管理。公司在全球37个国家设有超过1200家办事处，也是最早进入中国发展的国际投资银行之一，多年来业绩卓越。

2007年12月19日中投出资约50亿美元购买美国摩根士丹利公司（大摩）可转换股权单位，投资时确定的参考价格区间为48.070～57.684美元/股，期限为两年七个月，年息9%，按季支付利息，持有期满后必须转换成摩根士丹利公司公开上市交易的股票，强制转换的时间为2010年8月17日，并且规定转股时必须满足的条件为：股价不能低于行权价，转股参考价格为每股48.07美元，转换价格最高不超过参考价格的120%，全部转换后中投公司持有的股份将不超过9.9%。根据协议，中投公司将于2010年8月以不超过参考价120%的转换价格购入摩根士丹利的股权。中投公司此次购买摩根士丹利可转换股权单位的目的是进行长期财务性投资，期望的是将来转股带来的收益，并不具有对摩根士丹利的投票权。

众所周知，可转股股权的风险明显要小于股票，但对于强制性的转股债券，其风险却大于股票，在持有期未结束前，可转股权单位类似于债券，可获得9%的年利息收益并按季支付。但问题在于，如果期限届满时摩根士丹利的股价仍低于转股价格，中投公司将无法进行转股，必将面临严重的亏损，很明显这种投资方式与股票期货类似。如图2-3所示，摩根士丹利近几年股价走势也同样呈下跌趋势。

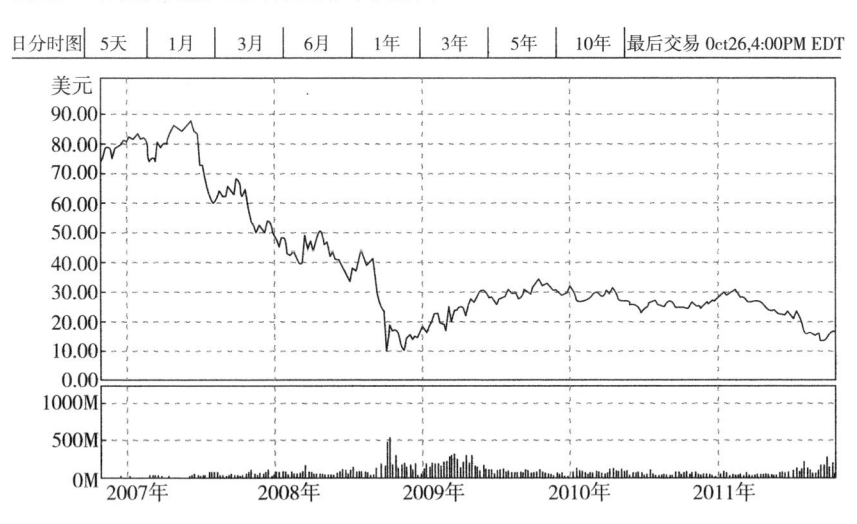

图2-3 2007~2011年摩根士利丹股价走势

中投看好摩根士丹利的增长潜力，尤其在投行、资产管理业务上的市场地位，以及在新兴市场面临的业务发展机会。当时摩根士丹利财报显示因次贷业务而巨亏35.9亿美元，是其1986年上市以来的首次季度亏损，中投公司"火线救急"，当日摩根士丹利股价大涨。对于此次投资，不少人士表示赞成，认为"采用可转换股份单位，与巴菲特当时投资所罗门兄弟公司和吉列公司有异曲同工之妙"。摩根士丹利作为华尔街的百年老店，除存在资本价值之外，还有其品牌价值，中投的风险较低。然而席卷全球的的金融海啸让一切都走样了，摩根士丹利在次贷危机中损失惨重。

最初，中投公司购买的摩根士丹利56亿美元面值的到期强制转股债券，占摩根士丹利当时股本的约9.86%，但后来由于日本三菱日联金融集团宣布购买摩根士丹利3.1亿股永久非积累可转换优先股，中投公司股权将可能被稀释至约7.68%（因永久非积累可转换优先股非强制转股，因此在转股之前并不进入总股本）。一方面出于可能被稀释的考虑，另一方面中投公司误以为其股价已经跌到最低点，2009年6月初便以23美元至27美元的价格陆续买入摩根士丹利股份，总计12亿美元。加上第一次投资，中投公司总共投资摩根士丹利的资金高达68亿美元。

从2010年7月21日起，趁着公司发布业绩增长的半年年度报告，中投公司便开始在二级市场减持摩根士丹利普通股，截止到8月17日时，中投公司已经连续十次减持，共卖出2545万股，回收资金6.9亿美元，加上利息收入约为13亿美元。截至2010年8月17日，中投公司持有摩根士丹利公司的股份减少到约为1.5亿股，按照双方两年多前的协议，本次的转股价格为每股48.07美元，若按照摩根士丹利2010年8月来平均价格25.90美元计算，中投公司此项资产的账面价值约为39亿美元。到目前为止，这次历时两年零七个月的投资，导致中投公司账面浮亏9.1亿美元，折合人民币约62亿。

作为一家主权财富基金，中投在设立之初即被外界寄予了三重期待。一是增强中国的国家金融安全，二是提高外汇储备的投资回报率，三是收购海外对中国未来发展极其重要的战略资源和关键技术。而在实践中，中投在战略投资和财务投资之间摇摆不定,最后既没有实现战略投资的目的,财务上又出现了巨额亏损。

通过以上两个案例的分析,我们得出如下结论:

(一)定位不清晰

首先,中投公司的投资策略是混合型的。尽管中投公司在最初成立的时候,曾宣布它的投资方式主要是侧重在长期投资和境外投资,但由其当前"一拖三"的组织结构可以看出,其下属机构汇金公司绝对是具有浓厚的政治色彩的典型战略型投资者。另外中投公司管理层又具有行政化的性质,所以造成了国内的投资策略与海外子公司的投资策略不相匹配,即战略型投资策略与组合型投资策略不相兼容。

其次,正是由于其混合型投资策略,致使我国国家主权财富基金很难清晰地对其自身进行定位。目前它是属于资产管理型公司如新加坡的,还是属于利用自有资本投资的主权机构如俄罗斯的稳定基金,目前无法辨明。

最后,对于中投公司初始资本金的来源也存在争议。通常来说,一个公司只会偿还债务所产生的利息,绝不会为自己的资本金还本付息,而中投公司却要为发行的特别国债换来的亿美元支付高额的费用,中投公司每半年将支付一次特别国债付息,大约每年需支付高达亿元人民币的利息。这说明这些美元只能是不在中投公司的资本金里,而是其负债。

(二)风险因素多

汇率风险。中投公司主要投资于海外市场,因此必须考虑到人民币升值的潜在威胁。目前人民币升值的预期仍在持续,相关机构的研究报告也认为,中投公司需要获得10%以上的投资回报率才能保证不亏损,中投负责人楼继伟也承认,每天需要收入3亿元或者大约每年150亿美元才能收支平衡。如果再扣除通胀因素,中投公司的绩效压力非常大。

市场风险。市场风险是指由于经济形势与证券市场的变化给投资人带来损失的可能性,由于市场是不断波动的,证券价格也随之波动,价格的向下波动会导致证券持有人的资产缩水,从而遭受损失。市场风险对于投资者来说是难以预测的，中投公司的投资也必然要面对来自市场的系统性风险，国外宏观经济基本面的变动直接关系到中投在国外资本市场投资对象固定收益类证券、股票等的收益。由于成本压力，中投公司在进行投资时，将会主要考虑具有高风险、高收益的金融产品组合，而投向那些资金回收较慢的基础设施领域的可能性不大。然而高收益通常情况下也意味着高风险，所以这也决定中投公司就必须能够承受相对较高的市场风险。

政治风险。中投公司属于我国主权财富基金的管理机构，因具有政府背景，不可避免地容易受到政府政策上等方面对其运作的干预与影响，也就弱化了中投公司的自主运营职能，加之中投公司的资金大部分投资于海外资产，容易引发政治风险。如果中投公司在商业化运作中不够独立自主与市场化，则很有可能被西方国家认为其被政府所操控，是为巩固政府地位，其目的是为政府而服务，由此被投资国就容易借此机会利用政治上的职能对中投公司对外资投资进行指控与阻挠。同时有专家认为主权财富基金将会导致金融权势的重新调整和转移，即金融权势由目前的欧美占主导转变为中东、亚洲等国家占主导，而且还强调这种转移是由所谓民主国家向强权政治国家转移，其目的是防止金融保护主义扩大化以及由此引发的政治风险。

（三）国际金融保护主义的冲击

由于中投公司的投资方向、策略与规模可能会引起被投资国对其实施金融保护主义机制，特别是当投资涉及投资目标国的战略性行业时。加之中投公司基金规模预期的不断扩大，以及战略上对资源和技术需求的增加，也会与西方国家发生冲突。如中海油收购美国优尼科石油及迪拜世界收购美国六大港口等受阻事件就是其典型代表。

第五节　从金融安全视角下优化我国外汇储备的建议

人民币正在走向国际化，在不远的将来会成为可自由兑换的货币。从这个趋势上分析，有较高的外汇储备是必要的。随着我国对外贸易的不断扩大，我国对世界市场的依存度会不断加大，对外金融性支付也越来越多，需要有充足的外汇储备。但是目前我国的外汇储备结构和海外投资品种比较单一，不仅收益不高，还存在一定的金融风险，与国家发展战略的关联性不高，与国内企业跨国经营的联动性也不强，很有必要加以调整。

一、我国的外汇储备规模应当适度

一个国家的外汇储备并不是越多越好。一般而言，一国的外汇正常储备量应为该国 3 至 6 个月的进口额，而我国的外汇储备几乎达到了 24 个月的进口额，占我国 GDP 的比重超过 40%。李帅（2011）对我国外汇储备规模的适度性进行实证分析，在定量研究过程中，以阿格沃尔模型为基础，再根据我国的实际国情对其进行修正，并搜集 1994 年到 2009 年相关数据代入模型中，从而得出我国适度外汇储备规模的估算结果，并与实际储备规模进行比较。到 2009 年，通过修正的阿格沃尔模型所估算出的我国外汇储备适度规模为 11133.38 亿美元，但我国的实际储备量已经高达 23992.01 亿美元，约为适度规模的 2.15 倍。由此看来我国外汇储备规模过多且幅度逐年增长。

（一）调整经济结构，转变经济增长方式，扩大国内需求

长期以来，我国政府坚持的是鼓励出口的外向型经济发展模式。这种模式在一定程度上促使我国外汇储备迅速增加。我国出口的产品大多数是来料加工型和初级产品，经济附加值很低，属于欧美发达国家的夕阳产业。虽然这些劳动密集型和资源密集型产业能很好地解决我国的就业问题，但是也存在技术含量低、污染环境等诸多问题。即便是我国的高新技术产业，大部分也没有掌握国际领先的核心技术，它们所能获得的利润相对于发达国家的高技术产业来说是微乎其微的。因此，一旦国际外汇市场上出现汇率波动或者主要产品进口国遭遇到经济金融危机，就会很快地波及我国这

类产业，并引发贸易纠纷。由此可见，这种外向型经济发展模式在初始阶段能很好地拉动我国经济发展，但并不是可持续的。我国有十三亿人口，国内市场广阔，存在巨大的发展潜力。所以，扩大内需才是实现我国经济可持续发展的根本路径。在目前我国外汇储备规模宽松的历史时期，探索新的经济发展渠道，既可以有效地缓解外汇储备过快增长带来的压力，又能实现产业结构调整，转变经济增长方式，从而达到扩大内需的目的。

（二）控制外债的增速

20世纪80年代初期，我国每年借用外债的数量还不足100亿美元，但从1995年外债数量突破了1000亿美元开始，其增长速度就迅速加快。到1997年末，我国外债规模已经达到了1039.6亿美元，和1979年相比，年平均增幅为25%，我国已成为债务大国。虽然这些外债的合理引入给我国各项经济建设提供了充足的资金，但最近几年来，我国的外债规模扩张速度太快，特别是短期外债，引起了外汇储备的虚增。根据国家公布的外债数据，2009年12月末，我国的外债余额为4286亿美元。其中，短期外债余额为2593亿美元，所占比重为60.5%。这使我国经济背上了沉重的利息负担，而且对于国际短期债务，经济还得承担不稳定因素带来的严重后果。近十年来，我国国内居民的储蓄率比投资率平均高了2.5%，说明我们有能力减少国际市场的借债，提高外债和国民储蓄的使用效率，以此降低资金的使用成本和存在的投机风险，减轻外汇储备过度膨胀的压力。一国的外债管理事实上是在建立完善的、有效的、充分考虑具体国情的外债资金管理和经营体制的基础之上，为控制外债的总体规模、减少国际市场筹资成本、保持科学的债务结构，防范控制汇率和利率变动带来的经济风险，保证债务本利偿还的顺利进行而必须采用的政府调控措施。控制外债，同时对其进行有效管理的目的是充分发挥这些借入债务的作用，促进我国市场经济的进一步发展。

（三）改善对外贸易和引进外资的政策，调整国际收支中"双顺差"的不平衡状况

我国国际收支表中经常项目和资本项目的"双顺差"主要来源于对外贸易的顺差和外商直接投资的迅速增加。我国实行的是出口导向型经济，鼓励扩大出口，大力引进外资，很多地方政府都把引进外资的多少作为衡量其政绩的一个客观标准，忽略了外资的质量和对地方经济结构提升的作用。虽然外商投资的增长和我国出口的不断扩大对于拉动产品总需求和减轻就业压力而言起到了重大的作用，但是大家应该注意到引进的外商直接投资大部分都是高能耗和污染性产业，出口的国内产品大部分是资源型和加工型产品，经济附加值很低，这是得不偿失的。与此同时，各个地方政府在引进外资的过程中出现了压低土地价格的情况，造成了国家财政收入的流失。如今，我国的储蓄率一直处于较高水平，资金不再像以前那样严重短缺，因此 GDP 增长的优质就显得更为重要。在这种情形下，我国政府应重新审视长期执行的外贸外资政策，放弃以前看重数量、忽视质量的做法，做出适当的政策调整。对此，可以选取的手段有两种。第一，进一步完善出口退税政策。国家应该进一步加大对自然性资源输出行业的征税力度，特别是对将来我们可能会出现数量短缺的资源收取出口附加税，减少资源的输出。第二，加强对外资引进的管理，统一地方政府的外资优惠政策，避免地方政府盲目过度引进。同时，进一步提高引进外资的质量，对不同外资类型实行差别对待。高能耗、高污染的外资企业减少优惠措施，而高技术、低能耗、环保的外资企业则可以给予超国民待遇鼓励其进入国内市场。

二、降低美元比例，实现外汇储备币种结构的多元化

目前的国际货币体系中美元虽仍占主导地位，但已不具备绝对优势。从战后初期至今，美国经济占世界经济的份额由 50% 多下降至近年来的

25%左右，对外贸易份额从超过60%下降到近年来的15%左右。对我国而言，对美贸易在对外贸易总体格局中的地位持续下降。2004年以后欧盟取代美国成为我国的第一大贸易伙伴，2009年中欧双边贸易占中国进出口总额的16.5%。虽然目前欧元面临着严峻的欧债危机，但是从长远来看，欧元区的市场规模以及经济地位仍是欧元稳定的坚实基础。

从金融安全的角度考虑，我国应渐进地降低外汇资产中美元的比重，提高欧元以及其他主要货币的比重，并根据储备货币发行国的经济、金融状况（包括经济、金融实力，货币供应量，国际收支动态以及经济发展趋势），我国与其他国家的外贸规模作为主要参考指标实行动态管理，不断修正，从而降低由于我国外汇资产美元"一股独大"造成的巨大风险。

首先，要以动态的观点看待我国外汇储备币种组合问题。储备中各种货币的种类及其所占比重，应根据安全性、流动性和赢利性的原则，结合本国进口、外债、非贸易等多方面的付汇需要和各储备货币的汇率变化趋势及其发行国基准利率诸方面的具体情况确定，并随着外部环境和国家发展需求的变化不断调整。随着各种储备货币在国际储备体系中地位的变化，我国储备种类的选择也相应变化。如欧元的诞生，就使得德国马克、荷兰盾等货币被取代，用欧元作为外汇储备主要货币是我国的现实选择。同时，一国对外支付的需求会随着一国对外经济活动的变化而不断变动，其国际支付需求在不同年度往往并不一样，这就要求储备货币应随着对外支付需求的变动不断调整。另外，各储备货币的汇率、储备货币发行国的利率水平等也在经常波动。从风险收益的角度看，当预测某种货币汇率将有较长期或较大幅度波动时，有必要适时适度地对我国外汇储备中的该货币比重作出调整。因此外汇储备货币的币种构成不是一成不变的，要用动态的眼光看待币种组合问题，不能用事先设定的各种货币比例作为币种组合管理的目标。

其次，要注重储备货币多元化，同时精练币种选择。储备货币多元化是世界储备体系的发展趋势，而且这一趋势在长期内仍将持续。由于中国外汇储备的美元资产规模过于庞大，在市场高度敏感的情况下，实施外汇储备资产多元化、调整外汇储备资产结构的难度极大。如果中国进行大规模的货币转换，必然会导致美元贬值，中国将不得不承担美元储备贬值的损失。同时为维持人民币对美元汇率的稳定，央行的美元储备规模还将继续增加，损失会进一步增大。因此，可以考虑进行美元资产内部结构的调整，将部分美国政府债券储备转换为美国高等级抵押债券或企业债券，可以提高收益，部分减少美元贬值的损失。

在注重多元化的同时也要精练储备币种的选择。种类过多会增加管理困难和经营成本。例如，我们强调储备货币结构要与对外支付需求一致，但不可能绝对一致。占我国进出口额较大比例的国家（地区）较多，2002年占我国进出口额1%以上的国家有十几个之多，而货币种类太多会导致汇率发生变动时储备价值的剧烈波动。为了储备资产安全保值，就需要通过外汇买卖调整不同货币的比重，这种调整除了有较大管理难度外，势必会增加管理成本，而且将改变按我国进出口比例要求保持的外汇储备货币结构。同时，部分国家或地区的货币不宜作为我国外汇储备货币。一些国民经济总规模并不大或经济并不特别发达的国家（地区）虽然进出口额可能在世界和我国进出口中位居前列，但其货币在国际上的使用却非常有限。一国的储备币种分配一般以不超过五种为宜。结合世界储备货币币种组合安排，我国外汇储备币种组合也可主要在美元、欧元、日元、英镑及瑞士法郎之间安排。考虑到我国与美元、日元、欧元地区的贸易、资本流动状况，建议将美元币种降至45%左右，欧元升至30%左右，剩余用以选择其他货币，并根据实际形势灵活调整储备货币的比例。

三、实现外汇储备资产结构的多元化

外汇储备的资产结构应该多元化，应有一定比例的实物形态储备，比如能源、贵金属、有色金属、黑色金属等。这两年国内出现了煤电油运全面吃紧的状况。从国家的长远利益出发，我国需要开拓海外市场，通过合资合作开发重要的矿产资源，使国家的长期利益得到保证。同时，加快推进矿产资源储备体系的建立是我国经济可持续发展的重要一环。在此过程中，我们可考虑将一部分外汇储备转化为对矿产资源的投资。具体看，可由国家职能部门发出指引，以外汇储备出资，通过企业具体操作，用于购买资源开采权和实物产品。矿产资源储备按照用途可以分为两类：一是建立类似于美国的战略资源储备，以备应急使用；二是依托国有矿产资源公司以及民间企业，通过补贴、租赁存储设施等形式建立普通资源储备，这部分储备只能通过拍卖进入市场，且只能低买高卖，以保证这部分资源储备基金的保值增值。

此外，还应扩大股权投资，这是促进外汇储备的多元化管理、提高外汇储备收益水平的重要手段之一。截至2009年3月，新加坡的外汇储备多元化平台淡马锡控股以及政府投资公司的长期股东总回报率分别稳定保持在16%以及7%左右；挪威银行投资管理公司赢利6130亿克朗，收益率高达25.6%。可见，这一模式已经在世界各国有所实践，并取得了不错的成绩。相比之下，我国的中投公司表现欠佳。

四、提高外汇储备在国内外的运用效率

为提高我国外汇储备的运用效率，提高投资收益，首先要改革的是管理模式。世界主要经济体在进行外汇储备管理时普遍采取双层模式，即财政部及其下属的外汇基金或者平准基金构成了外汇储备管理的主体；关于运用外汇储备干预外汇市场的决策，以及储备管理的指引意见均由财政部确定；中央银行则依据财政部拟定的原则和指引，负责对外汇储备进行日常管理。因此外汇储备的管理体系实际上是一个多部门协调的决策执行过程。在中国，目前有外汇管理局、中投公司、社保基金、国家开发银行、中资企业等众多主权投资机构进行外汇投资运作。但这些主权投资机构和

政策部门,分别担负不同的管理职能,导致外汇储备管理缺乏统一口径,大大降低了管理效率。基本情况如下:流动性、安全性管理归国家外管局,国有大型工商企业归国资委,国有金融企业属于汇金公司(中投公司)管辖,大宗物资商品的储备由国家发改委掌控,外汇储备的投资收益归中投公司所有,社保基金在保证安全性的同时追求收益性。各个部门及企业运作目标不同且相互间政策协调不顺畅,使各主权机构之间无法相互合作并实施投资绩效的考核,实现透明的投资环境,造成投资效率低下。更有甚者,可能出现竞相压价争夺的局面,从而无法有效贯彻中央和政府的经济政策和战略意图。例如,国家外汇管理局管理外汇储备的思路,按权重而言依次应是安全性、流动性和收益性,但随着外汇储备的急剧扩大,管理的难度也随之不断增大,因而逐渐偏离以往稳健的投资风格,而转向追求收益性。近年来,国家外汇管理局加大了对资源型、金融型企业的股权投资力度,并投资于私募股权投资公司。这意味着外管局自身职能定位不明晰,其现有的运作已经部分取代了中投公司的职能,造成事实上的职能交叉,既不利于监管与考核,也不利于提高整体投资效益。如果不对现有体制重新进行规划与整合,则整个管理体制的内部矛盾,将深刻地影响到外部矛盾,极大地阻碍管理目标的实现。因此,应统筹规划各主权投资机构,以形成系统的海外投资战略。将职能不一、实力不均的主权投资机构,组建成不同层次和定位、相互配合的中国外汇储备投资团队,以避免本国机构内部无谓竞争,实现资源同优势互补,从而形成强大的协同效应。同时,尽快将外汇储备这一项从中央银行资产负债表中移出,同时在外汇储备操作与货币政策操作之间设置隔离墙。可以考虑学习日本、新加坡等国,设立外汇平准基金。另外,巨额的外汇储备应主要用于国家战略目标。因此,外汇储备管理应该更多地从国民财富账户的角度为出发点来考察,不能单纯从央行资产负债表出发来考虑。由于我国的财政部并不具备其他国家的财政部那样的领导地位,建议成立国务院领导下的由财政部、央行等职能部门相互协调的国际储备战略决策小组。

其次，积极加强外汇储备管理，主动寻求巨额外汇储备的出路。借鉴国外的做法且兼顾我国具体国情，将外汇储备划分为两部分，分类管理，区别对待。在适度规模以内，外汇储备要确保流动性和安全性，主要以购买外国政府债券和进行外汇存款等形式保值，以保证外债清偿、支付进口等实际需要。在适度规模以外，要注重收益性，降低机会成本，提高资源配置效率。尤其在我国外汇储备数量不断增加外汇储备相对过剩的情况下，更应该学习新加坡和挪威，采取积极的外汇储备管理战略，以减少持有外汇储备的机会成本。从世界发达国家的管理经验来看，外汇储备的一般金融资产性质越来越明显，增值已成为一项义务。以新加坡政府投资公司（GIC）成熟的外汇储备管理模式为例，政府投资公司只负责管理新加坡财政部委托的资金（包括财政部持有的外汇储备）和新加坡货币局（MAS）委托管理的外汇储备。同时，其在接到 MAS 的委托后通过进一步委托来对外汇储备进行积极的管理。在近几个月全球股市持续低迷的情况下，GIC 逆市操作，通过二级市场增持首都机场 H 股股份，成为其第二大股东。这一事例充分显示出 GIC 在外汇储备投资理念方面的成熟。我国目前经营的原则应当在保证安全性和流动性的基础上拓宽投资领域，改革投资机制。对中国外汇投资主体而言，应活跃投资思路，实现投资对象的多元化，这样既可保证收益性，也达到分散风险的安全性要求。外汇储备具有同一般金融资产性质相同的一面，在增值投资方面，我国应当积极研究储备资产的增值赢利方式，在投资领域中，审时度势，不止局限于存款、债券，还可以选取一部分资产，运用国际通行的投资基准、资产组合管理、风险管理模式进入房地产、股票市场，以稳健的基金等增加储备资产的赢利能力。

第三章　政府债务与金融安全

　　政府债务是一种非经常性的政府财政收入，政府发行债券或借款的目的是筹集资金，这意味着政府可支配资金的增加。政府债务具有偿还性，是一种预期的政府支出。在今后的发展中，我们应当采取更多有效的手段来控制和化解这部分隐性的债务和或有的债务，从更深层的意义上来增加债务的安全性和可控性，从而达到扩张有效国债规模的目的。

第一节　政府债务的内涵与功能

一、政府债务的内涵

政府债务分为中央政府债务和地方政府债务。中央公债是由中央政府发行与偿还的债务，也称做国债。国债收入列入中央预算，由中央政府安排支出和使用，还本付息也由中央政府承担，用于实现中央政府的职能。地方公债是由地方政府发行和偿还的债务。债务收入列入地方预算，由地方政府安排使用，还本付息也由地方政府承担，地方公债的发行范围并不局限于本地区。

政府债务是一个特殊的财政范畴和信用范畴。它首先是一种非经常性的政府财政收入，政府发行债券或借款的目的是筹集资金，这意味着政府可支配资金的增加。但政府债券的发行必须遵循信用原则：有借有还。政府债务具有偿还性，又是一种预期的政府支出，这一特点和无偿性的税收是不同的。政府债券的担保物是政府信誉，因此也常被称为"金边债券"。

二、政府债务的分类

按照不同的标准，国债可作如下分类：

按偿还期限划分，可分为短期、中期和长期公债。按发行地域划分，可分为内债和外债。按发行的方式可分为强制公债和自愿公债。按发行对象可分为货币公债、实物公债和折实公债。按发行的主体可分为中央公债和地方公债。按公债的用途可分为建设公债和财政公债。按流通性可将政府债务划分为上市公债和非上市公债。

三、政府债务的功能

（一）从财政角度看，政府债务是财政收入的补充形式，是弥补赤字、解决财政困难的有效手段

当国家财政一时支出大于收入、遇有临时急需时，发行政府债务比较简捷，可济急需。从长远看，政府债务还是筹集建设资金的较好形式。一些投资大、建设周期长、见效慢的项目，如能源、交通等重点建设，往往需要政府积极介入。

（二）从经济的角度看，政府债务是政府调控经济的重要政策工具

政府债务可以调节积累与消费，促进两者比例关系合理化。政府债务采用信用的方式，只是获得了一定时期内资金的使用权、没有改变资金的所有权，适当发行政府债务，可以使二者的比例关系趋于正常。政府债务可以调节投资结构、促进产业结构优化。政府债务可以调节金融市场、维持经济稳定。政府债务是一种金融资产、一种有价证券，政府债务市场可以成为间接调节金融市场的政策工具。政府债务调节社会总需求，促进社会总供给与总需求在总量和结构上的平衡。

第二节 国债与金融安全

一、我国国债发行历史回顾

自从1981年恢复发行至今，我国累计发行国债约为127521.54亿元。到2010年底，我国国债发行量为17849.94亿元。1981~2010年，我国国债规模环比增长速度达到年21.70%，从近期来看，从1994年至2010年，我国国债规模环比增长速度达到年21.70%。另外，值得我们注意的是，除了2008年受金融危机影响比较巨大以外，我国的国债规模的变化还表

现出明显的阶段性、阶梯式上升特征。(详见图3-1)[1]

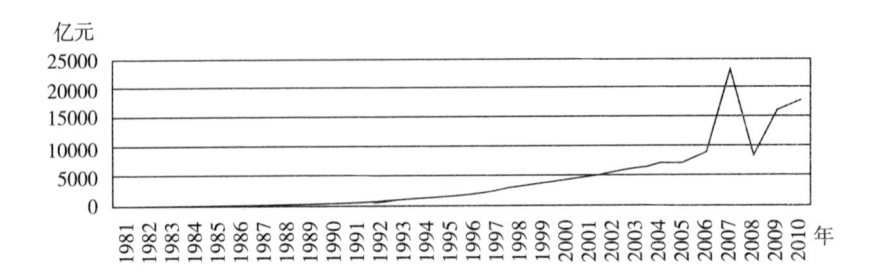

图3-1 我国国债发行额

改革开放以来,我国国债规模主要经历了四个阶段。

第一阶段是1981年到1991年的国债发行起步阶段。国债年平均发行额仅为207.27亿元,非加权平均增长速度为20.23%。这一时期属于恢复国债发行初期,对国债规模的发行持审慎态度,人们对国债规模的认识处于弥补赤字手段的界限内。此阶段弥补财政赤字的方法为"双轨制",即同时向银行透支和国债的方式,且主要是财政向银行透支,加之这一期间,国债发行采用的是行政摊派的形式,尚不存在国债的一级市场和二级市场,因而国债发行规模十分有限。

第二阶段是1992年到1997年的国债发行探索阶段。随着1990年底上海和深圳证券交易所的相继成立和1991年国债一级市场的逐步建立,加之1994年《预算法》正式生效,根除了财政赤字和通货膨胀之间的直接联系,在这一阶段,随着国债发行市场化的进一步加深,国债发行也逐年扩大。从1992年起,国债的发行规模首次突破了500亿元人民币的大关,年均发行额达到1429.7亿元。在短短的几年时间里,国债发行的规模由1991年的461.4亿增长到1997年的2476.82亿。但是,综合考虑到基数较小的影响,这一阶段的国债发行量仍处于比较低的区间,国债规模的问题并不显著。

[1] 中经网。

第三阶段是1998年至2006年的国债发行稳定增长阶段。自亚洲金融危机之后，我国在综合国力方面有了突飞猛进的增长。随着香港、澳门的相继回归，我国外向型经济进一步发展，我国经济进入了高速的发展期。我国的GDP从1997年78060.85亿元快速增加，在2001年突破10万亿后飞速增加，保持了年均11.97%的增速。而我国的国债规模也进入了一个明确的上升期，年均增长速度超过15%，并且增长速度十分稳定。

第四阶段是2007年至今的国债发行井喷增长阶段。2007年国债发行量甚至突破了2万万亿，达到23483.1万亿，较2006年增长了164%。尽管2008年受多方因素影响，锐减到了8558万亿，但是2009年和2010年国债发行量又分别达到16280.66万亿和17849.94万亿，四年平均达到16542.93亿元，较之前几年有了明显的提升。

纵观过去31年的国债发行历程，我们可以清晰地发现，除了1983年、1984年、1990年和2008年出现了负增长之外，其他年国债规模均有相当的涨幅。尤其是2007年以来，我国的国债发行量保持极高的数量，而且自90年代以来国债发行规模增长速度远远高于同期财政收入和国民生产总值的年均增长速度。

二、我国国债发行现状分析

从世界各国国债管理经验来看，衡量国债适度规模的指标主要有：国债依存度、国债偿还率、国债负担率、国债借债率。下面就从这四个指标出发就我国国债规模现状进行分析。

（一）国债依存度

是指当年的国债收入与财政支出的比例关系（国债依存度＝当年国债发行额/当年财政支出×100%）。国际上公认的中央财政债务依存度的警戒线是25%~30%。我国中央财政国债依存度在1990年以前都维持在较低的水平，1990年后有了大幅度的增长，尤其是到2000年以后国债依存度保持了较高的水平。从表 3-1 数据可以看出，[1]2000 年以后经常保持在 35% 以上，尤其是在 2007 年加上 1.55 万亿的特别国债后，这一指标高达 79.39%。2009 年，为应对金融危机，我国又较大幅度增加了中央财政赤字与国债发行规模，其潜在风险是不言而喻的。我国的中央财政债务依存度偏高，这是不争的事实，应该引起警觉，绝不能掉以轻心。

表3-1 中央财政国债依存度

年份	国债发行额（亿元）	中央财政支出（亿元）	中央财政国债依存度（%）
2000	4180.10	10185.16	41.04
2001	4604.00	11769.97	39.12
2002	5679.00	14123.47	40.21
2003	6153.53	15681.51	39.24
2004	6923.90	18302.04	37.83
2005	7042.00	20259.99	34.76
2006	8883.30	23492.85	37.81
2007	23483.10	29579.95	79.39
2008	8558.00	36334.93	23.55
2009	16280.66	43901.00	37.08
2010	17849.94	48330.82	36.93

（二）国债偿债率

是指当年的国债还本付息额与财政收入的比例关系（国债偿债率 = 当年还本付息额 / 当年财政收入 ×100%）。从国际经验来看，通常认为全国财政和中央财政国债偿债率分别处于 8%~10% 和 7%~15% 范围内是安全的。20 世纪 80 年代，我国中央财政国债偿债率基本维持在 4% 以下，到 1994 年就上升到 14.36%，2006 年更高达 37.62%，近几年虽然有所下降，但还是已经超过了 15% 的国际安全线。如此高的指标说明我国中央财政收入中有很大部分收入用于还本付息支出，这必将影响中央财政用于履行公共职能的范围，易使中央财政陷入债务危机。虽然我国从 2006 年起加

---

[1] 数据来源于国泰君安数据库、《中国统计年鉴》《中国财政年鉴》。

强了对国债的管理，实行国债余额限额管理制度，但是从表3-2数据可以看出，[1]我国的国债规模依然存在着一定的风险。因此，我国政府有必要采取措施，适度控制国债规模，防范潜在的国债风险。

表3-2 中央财政国债偿债率

年份	国债还本付息支出额（亿元）	中央财政收入额（亿元）	中央财政国债偿债率（%）
2000	1579.82	6989.17	22.60
2001	2286.00	8582.74	26.63
2002	2563.13	10388.64	24.67
2003	3916.11	11865.27	33.00
2004	4430.62	14503.10	30.55
2005	4738.38	16548.53	28.63
2006	7696.16	20456.62	37.62
2007	8447.96	27749.16	30.44
2008	8063.30	32680.56	24.67
2009	8101.36	35915.71	22.56

（三）国债负担率

是指当年国债累计余额与当年GDP的比例关系（国债负担率＝当年国债余额/当年国内生产总值×100%）。这一指标通常被认为是衡量国债规模的一个最重要指标，由于各国经济发达程度不同，这一个指标的控制线也不同。国债负担率的国际警戒线一般是一国的宏观税负（财政收入占GDP的比值）。根据国际经验，发达国家的国债负担率一般控制在45%以内，欧盟成员国的国债负担率则不得超过60%。随着国债规模的不断扩大，我国国债负担率逐年上升。1981年仅为1.0%，2009年已上升到17.64%，增长势头非常迅猛。我国的宏观税负为20%左右，2009年我国公共财政收入占GDP的20.4%，若把20%当做我国国债负担率警戒线的话，我国国债负担率指标与警戒线已相差无几。另外，我国的举债历史不长，自

---

[1] 国泰君安数据库、《中国统计年鉴》《中国财政年鉴》。

1981年发行第一批国债至今，才将近30年的历史。如果国债规模照目前势头发展下去，再过几十年，国债负担率会很高。更为重要的是，我国目前的国债负担额的增长率已高于实际GDP的增长率，甚至比名义GDP的增长率还要高，这进一步表明，控制国债发行规模、防范国债风险，已经成为国债管理的一项重要任务。

表3-3 国债负担率[1]

年份	国债余额（亿元）	GDP（亿元）	国债负担率（%）
2000	13020.00	98000.45	13.29
2001	15618.00	108068.20	14.45
2002	19336.10	119095.70	16.24
2003	22603.60	135174.00	16.72
2004	25777.60	159586.80	16.15
2005	32614.21	183618.50	17.76
2006	35105.28	215884.00	16.26
2007	52074.65	266411.00	19.55
2008	53271.54	315274.70	16.90
2009	60237.68	341401.50	17.64
2010	71208.35	403260.00	17.66

（四）国债借债率

是指政府当年的国债发行规模与当年GDP的比例关系（国债借债率＝当年国债发行额/当年国内生产总值×100%）。它反映了当年GDP对国债增量的负担能力。该项指标越高，说明国家当年对国债的利用程度越高，但也说明国民的负担越重。相反，如果该项指标很低，则说明该国国债的利用不充分。20世纪80年代以来，西方各国的国债借债率大多稳定在5%~10%。我国国债借债率普遍低于西方发达国家水平。从表3-4可以看出[2]，20世纪90年代初期，我国的借债率保持在2%左右。1997年以

---

[1] 国泰君安数据库、《中国统计年鉴》《中国财政年鉴》。
[2] 国泰君安数据库、《中国统计年鉴》《中国财政年鉴》。

来，该指标走势一路平稳盘升，2009年达到4.77%。虽然与西方国家的国债借债率这一指标相距甚远，但我国的国债借债率已呈现较快的增长态势。另外，我国年度国债发行量的增长速度已超过GDP的增长速度，因此，国债借债率这一指标还将不断攀升。

表3-4 国债借债率

年份	国债发行额（亿元）	GDP（亿元）	国债借债率（%）
2000	4180.10	98000.45	4.27
2001	4604.00	108068.20	4.26
2002	5679.00	119095.70	4.77
2003	6153.53	135174.00	4.55
2004	6923.90	159586.80	4.34
2005	7042.00	183618.50	3.84
2006	8883.30	215884.00	4.11
2007	23483.10	266411.00	8.81
2008	8558.00	315274.70	2.71
2009	16280.66	341401.50	4.77
2010	17849.94	403260.00	4.43

三、我国国债规模主要指标及其评价

国债规模主要采用债务依存度、国债偿债率、国债负担率等指标来进行衡量。事实上，影响我国国债规模的因素还有很多，并且难以量化，主要有以下几个方面。1.国家综合负债。国家综合负债是指国债规模加上各种隐性债务和或有债务。2.国债期限、品种结构。在国债期限上，我国现在大多是3年、5年的中期国债，缺乏1年以内短期和5年以上长期国债，期限单一，平均期限偏短，偿债高峰周期短；在品种结构上，国债品种结构设计不合理，我国20多年来不可流通的凭证式国债占主导地位，满足

不了投资者的投资需求,品种的不足同样制约着国债规模的发行空间扩展。3. 国债资金运用的效果。我国缺乏对资金使用效益的监管制度,加上地方政府对资金的争夺,项目缺乏可行性研究等,使得国债的利用效率很低,造成了很大的浪费。4. 中央银行对国债的需求。在国债规模控制中,既要考虑财政原则,也要考虑央行公开市场操作的需要,选择合适的规模和期限结构。

(一)基于国民经济应债能力研究我国国债适度规模

从国民经济应债角度来考察国债适度规模主要是从国债负担率来分析。就国债负担率而言,从1981年以来,我国国债负担率呈现逐年上升的趋势,并在2004年左右达到一个高峰,2004年之后,国债负担率呈现下降的趋势。分析其原因,我们可以得出,改革开放以来,我国政府逐渐重视发行国债来调控经济增长,国债发行呈现逐年上升的趋势,所以国债负担率也逐年上升。但随着GDP增速的提高,我国经济进一步发展,这样一来,我国经济的整体实力可以承受的债务规模也在不断上升,2004年以来,经济高速发展,可以看到国债负担率也开始呈现下降趋势。但是,从总体上来看,国债负担率呈现出先上升后下降的趋势,在政府可控的范围内,因此,我国国债仍然存在一定的发债空间。

(二)基于财政偿债能力研究我国国债适度规模

对财政偿债能力研究基于国债依存度、国债偿债率这两个指标。

国债依存度。从1985年以来,我国国债依存度呈现逐年上升的趋势,并在1998年左右达到一个高峰,1998年之后,国债依存度呈现下降的趋势。但是,情况在2009年又发生了变化,国债依存度陡然上升。分析其原因,改革开放以来,我国政府逐渐重视发行国债来调控经济增长,国债发行量逐年上升,国债占财政支出的比重也逐年上升,但随着GDP增速的提高,我国经济进一步发展,我国经济的整体实力也在不断上升,因此,财政支出的国债的依存度呈现下降的趋势。但是,2007年度以来,由于受美国次贷危机的影响,我国经济也陷入了萧条,为了刺激经济的增长,政府发行大量的国债,以求增加政府支出从而扩大内需,带动经济增长,年度国债发行额在2009年度更是达到历史性的1.6万亿,因此国债依存度在2009年度有一个明显的上升。总体上看,我国政府财政支出对国债的依存度偏高,中央财政调控能力会受到影响,而这一问题值得关注。

国债偿债率。从1986年以来,我国国债偿债率呈现震荡上升的趋势,并在1998年左右达到一个高峰,1998年之后,国债偿债率呈现下降的趋势。可以看到,1991年以前,国债偿债率都在10%以下,但是随着90年代初期发行的债务逐渐到期,还本付息的压力变大。1998年还本付息支出达到2352.92亿元,国债偿债率上升到17.84%。但是在1999年之后,随着国家财政收入的增加,国债偿债率有所下降,即使这样,2009年的国债偿债率也在9.6%,需要引起我们的关注。

分析其产生原因,1998年以来,国家实行积极的财政政策,国债发行规模逐年扩大。由于我国国债结构设计不够合理,并且国债资金的使用效率低下,加之国债本息偿还的刚性较强,大规模发行的国债构成很大偿债压力。可以预见,政府若长期使用"借新还旧"的路子,国债规模将会不断扩大,最终超过政府可承受的范围。

(三)基于国家综合负债能力考察我国国债适度规模

以上分析的基础是针对国家公开发行或借贷后既存的债务,但在现实经济社会中,特别是对于处经济转轨中的中国来说,存在大量隐性的、或有的债务,这部分债务的数额不能小觑。这里通过大量的数据调查和统计,把政府负债中的隐性债务和或有债务做初步的估计,作为对我国政府债务的一个扩充,并且,通过资产负债率的理论,考察其对我国国债适度规模所可能产生的影响。

我国的隐性债务和或有负债规模巨大。我国现阶段的隐性债务和或有债务主要包括:1.国家外债中可能产生的隐性债务和或有债务;2.金融机构不良资产以及金融机构破产可能导致的政府隐性债务和或有债务;3.社会保障资金缺口所形成的债务;4.地方政府债务;5.其他的政府隐性债务和或有债务。考虑我国综合负债能力的问题中考虑如此大量的隐性和或有的负债，我国的综合负债率还是需要引起极高的重视的。

政府存量资产的规模的统计口径问题。按照不同的口径来统计政府存量资产的规模的差异是巨大的。1.国有资产总量。我国国有资产是指由政府投入而形成的国有资产加上属于政府垄断性拥有的矿产、土地等自然资源。2.经营性国有资产总量。对公共服务和产品的提供是政府最基本的职能，随着经济的发展和改革的深入，作为非经营性国有资产的公共产品、基础设施等非但不能减少，而且需要政府加大投资力度，提供更加优良的公共服务。3.可动用经营性国有资产总量。其中包括我国各行业经营性资产，有非金融企业、金融企业和各类建设项目。这其中最有可能用于偿还政府债务的资产是属于非金融领域的金融性国有资产。对于非金融领域的金融资产，主要集中在工业、商业、交通等领域。以这三种不同口径来来计算我国的综合负债能力的差异是相当巨大的。

对我国综合负债能力的分析。这样，在不考虑隐性负债和或有负债的时候，我国显性直接负债（我国国债余额）在2009年底为60237.68亿元，加上隐性负债和或有负债后，经过我们粗略的估算，达到195856亿元。下面以2009年底的债务和可供偿债的政府资产存量举例，详见表3-5。

表3-5 2009年底债务和可供偿债的政府资产存量

国有资产	显性直接负债（%）	总负债（%）
第一层次：按国有总资产算	12.84	51.71
第二层次：按经营性国有资产算	19.75	79.51
第三层次：按可动用的经营性国有资产算	73.03	294.11

可以看到，从第一层次和第二层次来看，也就是按国有总资产和经营性国有资产计算，我国政府的资产负债率并不高。但是按照可动用的经营性国有资产来看，资产负债率已经相当高，达到了73.03%，特别是在考虑显性负债和总负债后资产负债率更是达到了惊人的294.11%，已经达到

了资不抵债的境地，处于非常危险的状态。

四、结论

通过从国民经济应债能力和偿债能力两个不同角度的分析，我们可以得到一个看似矛盾的结论。一方面，从国民经济应债能力角度通过对赤字率和国债负担率的分析，可以得到我国的国债规模处于国民经济应债能力宽松的阶段；另一方面，从国民经济偿债能力角度通过国债依存度和国债偿债率的分析，可得知我国的财政债务负担又偏重。形成这一现象的原因主要是，中央政府的可配置财力不足，债务偿还能力欠佳，而并非在于政府债务规模过大。因此在以后实施国债政策的过程中，应当注意减低国债使用的成本，提高中央财政收入的比重，防止国债规模过大对财政造成的压力，避免因债务问题而陷入财政危机和信用危机。通过分析，可以弥补以上分析的缺陷，虽然由于隐性债务和或有债务的隐蔽性和不确定性，统计过程中存在很大的偏差，但可以初步看到，我国的隐性债务和或有债务是我国债务规模一个重大的隐患。因此，在今后的发展中，我们应当采取更多有效的手段来控制和化解这部分隐性债务和或有债务，从更深层的意义上来增加债务的安全性和可控性，从而达到扩张有效国债规模的目的，增加政府使用国债调节经济发展的能力。

第三节 地方债务与金融安全

一、地方政府债务的发展和现状

20世纪90年代末开始，为了解决地方发展和支出中的资金瓶颈问题，地方政府开始纷纷建立地方融资平台以获取财政资金。地方投融资平台和地方政府债务规模的迅速扩张是在2008年以后。2009年和2010年，为了抵挡国际金融危机，我国银行信贷大幅度扩张，而其中大量流向地方政府投融资平台，2009年一年地方债务由2008年底的5.56万亿元暴增至9.00万亿，同比增长了61.92%，虽然2010年增速下滑至18.86%，但地方债务余额规模仍在不断壮大。

从中国人民银行、银监会和审计署等不同统计口径公布的地方政府债务规模来看，2010年末，分别是14万亿、9.09万亿（截至2010年11月末）和10.72万亿。以审计署的口径为例，截至2010年底，全国地方政府性债务余额10.7万亿中，政府负有偿还和担保责任的或有债务总计是9.05万亿，占84.4%，而政府可能承担一定救助责任的债务1.66万亿，占15.6%，而地方融资平台公司政府性债务余额中，80%是由政府负有偿还、担保责任。

具有中国特色的土地出让金在地方财政收入中举足轻重。2010年末全国地方本级财政收入4万亿元，加上中央对地方税收返还和转移支付收入3.2万亿元，地方财政收入总量达7.3万亿元，就整个债务规模来看占比是147%。而涉及政府代偿的贷款额度占地方财政收入总量的85%，加上财政部代发的4000亿元地方政府债，整体债务余额占地方全年财政收入的90%。这里，地方财政收入尚未考虑到地方政府的基金收入，2010年地方政府性基金本级收入3.3万亿。若加上基金收入，则地方政府的可支配收入达到10.5万亿，涉及政府代偿的贷款地方债余额占可支配收入的比率为86%。政府基金收入的变化影响地方政府债务率，其中国有土地出让金收入占比达到88%，土地出让金的波动是影响地方政府债务率的重要变量。

地方债务不单总量巨大，种类也是多种多样。这其中不乏大量存在问题的模式和类型，如"银政合作"与"打捆贷款"。地方政府绕开各种限制进行大规模"合法的"市场化融资，算起来应该始于1998年的财政刺激计划。当时为应对亚洲金融危机，政府投资大举扩张。为解决地方政府土地储备中心的资金问题，一些地方将不能贷款的事业单位进行公司制转制。然后，金融机构出面与政府合作，有的直接对这些企业授信，有的直接对政府授信。2002年11月,安徽省政府与国开行签署"打捆贷款"协议,定期获数百亿贷款,首开省级银政合作模式。随后其他国有大型商业银行也多有效仿。这种大型国有银行以其长期大额贷款支持地方政府基础设施建设的投融资模式,即用土地收益、其他收益及财政资金作为偿贷保证形成的投融资体系,为一度流行全国的"银政合作"与"打捆贷款"。到2006年,这种做法被监管部门叫停。当时,国家发改委、财政部、建设部、中国人民银行和银监会五部委联合发布通知规定,金融机构要立即停止一切对政府的"打捆贷款"和授信活动。

而这些种类中最常见的就是地方融资平台的平台类贷款了。当前关于地方政府债务融资问题,时常使用的一个专有名词即"地方政府投融资平台"。地方政府融资平台公司,按照国务院文件的定义是指由地方政府及其部门和机构等通过财政拨款或注入土地、股权等资产设立,承担政府投资项目融资功能,并拥有独立法人资格的经济实体。这样的企业,包括不同类型的城市建设投资、城建开发、城建资产公司。它们名称不一,但都是经由当地政府划拨土地、股权等资产,"包装"打扮而成立,在资产和现金流上达到融资标准。

二、地方政府举债的意义

地方政府举债有利于提高国债资金利用率,减轻国家债务负担。中央政府发债,地方政府使用,加上权责不明、约束机制缺失,导致地方政府为了快出政绩、多出政绩,利用国债资金大搞"形象工程""政绩工程",盲目铺摊子、上项目,造成了债务资金的极大浪费,效率也极度低下。地方政府举债后,地方政府直接承担了还本付息和以后继续发债的责任,促使他们加强管理和监控,让资金发挥更大的效益,从而增加国家财政收入,创造出更多的GDP,降低国债负担率。

地方举债有利于减轻中央财政压力,降低国债依存度。中央财政作为直接债务主体负债过高；而地方政府举债，由地方政府还本付息，并纳入政府财政预算，不仅可以减轻中央财政债务压力，更可大幅度降低国家债务依存度，还可以扭转当前存在的严重的财政支出"缺位"和"越位"现象。

地方举债有利于优化债务结构，降低国债偿债率。当前，我国国债在期限上，大多是3年、5年的中期国债，期限单一，平均期限偏短，偿债高峰周期短。允许地方政府举债后，地方政府主要发行1年以内的短期国债，用于公共服务和基础设施建设，中央政府主要发行5年以上中、长期国债，用于跨地域的大型项目建设。这样可以避免国家债务还本付息过于集中，降低还本付息支出在当年财政收入中的比重，从而降低国债偿债率。

地方举债有利于显化隐性和或有债务，消除潜在国债风险。地方政府发行国债，要想吸纳到充足的债务资金，就必须建立财政状况信息公开制度，向公众提供政府财政运作及其相关信息，加强地方政府财政透明性。这样就暴露了地方政府预算中不同程度上存在着的各类挂账或应付未付等隐性赤字，显化了隐性和或有债务。显化后的债务在中央与地方政府的共同努力下予以消除，将有利于整个国民经济步入积极健康的发展轨道。

三、地方政府债务的成因

（一）非正式预算体制的"软约束"

非正式预算制度是在我国正式预算制度不完善的背景下产生的。在这种预算环境下制定和实施预算合同通常发生许多预算冲突，这些冲突主要发生在主管部门之间，并使得在正式的预算过程中会发生包括讨价还价费用和协调费用等的交易费用。在这种预算环境下，许多政府部门会产生一种近似于"公共地悲剧"的掠夺性行为。非正式预算制度通常与地方政府部门的行政权力或行政审批权密切相关，它们虽然在财政资金充裕时能在一定限度内减少交易费用，但又会在更大程度上刺激各政府部门对财政资金的争夺，进一步提高预算合同制定过程中的交易成本。更严重的是会延滞正式预算制度的完善过程，使地方政府财政收支约束进一步弱化，并将促使地方政府寻求"正式预算"外的资金供给，尤其是使举债筹资的欲望制度化，从而导致地方政府债务膨胀。

（二）财权与事权的匹配问题

伴随着税费改革以来中央和省级政府财政不断集中的趋势，基层地方政府承担的任务却是硬性的，在转移支付制度没有规范化的情况下，地方政府经常为提供辖区基本公共服务而负债。为了解决中央政府的财政汲取能力问题，1994年实行分税制改革，财政的集中度大幅度提高。但是由于中央政府与地方政府的事权划分未能彻底进行，加之近年来各项改革力度不断加大，财政支出增长速度大大超过财政收入增长速度，支撑经济运行的财力匮乏。

（三）政府债务动态变化的"内牵制"

政府债务虽然最初是由财政赤字引起，但一旦债务发生，立刻会呈现许多因素对债务总量和结构的发展变化产生不同程度的影响。当实际利率高于经济增长水平时，相对高的债务成本会迫使地方政府将债务收入更多用于利润较高的垄断性行业的发展。这类企业的产值在国有企业及地区GDP的比重比较大，可以带动地区增长速度的上升。当实际利率低于经济增长率时，相对较低的债务成本又会诱使地方政府将债务收入用于提供道路、桥梁等收益较低但稳定的准公共产品。当实际利率显著低于经济增长水平时，地方政府还可进一步举新债还旧债，推动地方债务规模快速扩张。如果这时地方政府财政赤字很大，这种债务规模会更快地扩张。

四、地方政府债务的风险

地方政府性债务对银行业的影响不容小觑。从银监会的统计分类来看，截至2010年11月末，地方融资贷款余额9.09万亿元，占人民币贷款的19.16%，根据平台公司自身现金覆盖贷款本息比率分别按100%以上、

70% 至 100% 之间、30% 至 70% 之间、30% 以下,将全部贷款分为"全覆盖、基本覆盖、半覆盖、无覆盖"四大类。由于 2011 年、2012 年将有大量过去的贷款到期,这两年地方政府还本压力最大。地方政府贷款中 54% 的期限在 5 年以上,2011 年到 2015 年期间,大量地方债将进入还本付息期。

结合房地产调控政策下土地出让金收入下降,以及每年 13% 的地方债务增速等假设条件下,从资金缺口(地方可支配收入—地方支出—还本付息)来看,2012 年后地方政府的资金缺口逐步增大,即使考虑到借新还旧,即部分资金缺口可由银行新增信贷进行弥补,2012 年依将出现 1.18 万亿资金缺口,2012 年、2013 年是债务负担最沉重的。2014 年以后,地方政府绝对资金缺口逐年增大。

在当前的宏观紧缩经济背景下,大规模变现地方政府资产,例如土地拍卖和在低迷的资本市场上出售国有股权,都会由于市场深度和广度有限,导致流动性匮乏。因此,我国地方政府债务面临的主要是再融资的"流动性"风险,即只要给予地方融资平台公司持续的资金支持,其有能力逐步清偿债务;而非面临无力清偿债务,并有可能破产违约的"偿付风险"。

地方政府债务快速扩张的根源。 地方政府的过度负债和过度投资,有其深刻的政治和经济原因。一是预算软约束,中国的地方政府"有钱,有权花,没有人监督"。一旦地方政府债务出问题,因为中央政府需要维护整体的宏观经济和金融稳定,借多少债没有真正的约束和监督,还不起债有中央政府兜底,导致地方政府债务规模快速扩大。二是地方政府为挤占有限的公共资源,如信贷、中央审批的项目和财政转移支付等。三是在 GDP 为主的政绩考核和官员逐级晋升的机制下,地方政府官员热衷于追求高于其他地区的 GDP 增长率、市政基础设施建设等,有着强烈的投资意愿和负债需求,以打造其任期内的政绩。四是"四万亿"刺激政策为地方政府债务提供了催化剂,商业银行被要求在对地方融资平台贷款时做到"尽职免责",提供了过度负债的货币或信贷条件。五是近几年来全球低利率环境和充裕的流动性。

五、地方政府债务对宏观经济和政策的影响

绑架财政货币政策。中央财政政策和货币政策的空间受到限制，松不得也紧不得。特别是货币政策，为控制通胀，需要采取收紧的货币政策；但顾及地方政府的债务可持续和还本付息负担又不能过紧，尤其是不能简单提高贷款利率。于是，折中的方式就是采取以稳定货币供应数量和信贷占 GDP 比为主的改进的货币主义政策。

挤出私人投资和消费。首先，通过挤占贷款额度挤出投资和消费。为控制通货膨胀，央行不得不重新提起信贷规模控制的手段，但地方政府贷款中的相当部分是不能违约只能展期的，所以会通过银行的信贷配给挤出企业投资和家庭消费。其次，推高名义利率。地方政府的过度负债和开支推高通胀和名义利率，增加借贷成本，对投资和消费产生挤出效应。最后，加重家庭和企业的纳税负担。政府不创造财富，只是分配财富。政府的国内债务是"自己欠自己"，最终不论是地方政府自行还贷还是中央财政救助，"羊毛出在羊身上"，还债的始终是纳税人。地方政府目前欠债越多，未来家庭和企业纳税负担越重。

严重影响后续投资增速。随着政府主导的"四万亿"基础设施项目在今明两年陆续完工、商品房投资增速在调控中跌落、通胀常态化导致的货币信贷紧缩行为持续、融资平台风险管理导致地方政府杠杆率降低，中国的基础设施建设类固定资产投资增速将明显下滑。过高的投资率逐步演变成通胀、政府债务膨胀、银行坏账上升和经济内生动力枯竭，靠扩张的财政顶住经济增速是不可持续的。

阻碍经济结构调整。地方财政负担上升的后续效应还会对经济结构改革造成负面影响。经济结构调整意味着政府需要通过减少税收和提高工资等，实现收入在国家与居民之间的再分配，从而提高个人收入水平，增加消费。但政府财政负担上升大大压缩了收入再分配的空间，甚至不利于增加政府在社会保障等方面的支出。

六、地方政府债务的解决之道

从本质上来说，只有充分的制度建设才是地方债务问题的解决之道。16 年来，分税制改革的推进皆因中央与地方的利益关系而举步维艰，尽管其备受瞩目。而目前分税制改革形成的财政体制不完善是造成地方财政困难、债务增加的一个重要原因。在中国城市化进程不能倒退的现实下，地方政府的财力需求也会逐渐加大。分税制改革，财权与事权必须相统一，两个职能的调整也必须相协调，但是目前现行体制下事权与财权高度不对称，地方经济发展又需要增加其财政收入。因此，财政收入的增加在中央与地区间的分配便显得更加重要了。不单是财政方面的制度需要进一步健全，民间资本的引入，建立健全稳妥可靠的风险控制机制和责任约束机制，让民间资本和社会其他资本能够顺利地进入更多领域，才是治本之道。

地方自主发债也是一个解决地方政府债务的方式。2011 年 9 月末有消息透露，上海、浙江、广东和深圳四地或将于年内自主发行地方政府债。据推算，2011 年内自主发行地方政府债总额约为 251 亿元。关于地方发债问题，按照我国 1995 年实施的《预算法》规定，"除法律和国务院另有规定外，地方政府不得发债"。也就是说，在"法律"层面上，我国不允许地方政府自主公开发债。但是也留了一个口子，即国务院特批的除外。允许地方政府发债可以弥补分税制下地方财政收入来源少的问题，同时也可以降低地方政府对土地财政的依赖；而且，相对目前地方政府融资平台的不规范、不透明，允许地方政府发行债券可以实现阳光财政、阳光融资。在制度不断健全的情况下，不单利于公众和国家对地方政府收支的进一步了解，又能使得地方政府更能在制度的约束情况下更好地进行经济活动，降低不必要的地方政府官员的寻租行为、同级地方政府之间的财政竞争等行为。但是我们也要注意到由于地方政府不是偿债主体，其借债也就没有任何压力，在地方政府举债约束机制未能健全的情况下再开新口子，则可能为未来埋下更大隐患。因此，在自主发债的情况下，制度建设就是保证该机制合理运行的重中之重。

比较直接的手段是将地方融资平台贷款证券化,地方融资平台公司化。地方融资平台中,土地占据最主要的地位——土地抵押获得银行贷款,土地出让获得平台资金。房价决定地价,地方政府对高房价泡沫的偏好可想而知。中央政府和银行系统也会担心地价回落形成银行坏账较快增长,中央政府会乐意让地价在银行体系可承受区域内回落,然后通过地方政府增加土地出售面积来维持地方"土地财政"的总量平稳。地方负债有着剧烈不平衡性,中央政府可能会出钱来帮助地区负债率的下降。但是以此解决毕竟不是长久之计。而在目前看来,地方融资平台公司化,贷款证券化是一个相对可行的方案,同时对我国债券市场的发展乃至人民币产品进一步的发展都是有好处的。但是目前我们是否有足够的机制和前提保证如此大量的债务投放入市场,仍难以确定。

第四节　由美债危机和欧债危机带来的对中国国债规模问题的思考

美债危机的突然到来,对全球金融市场带来连锁反应,全球经济再次面临严峻的考验。尽管美国已经于2011年末就国债上限上调问题初步达成一致,但是美债危机仍让全球金融市场和经济复苏充满了不确定性,与此同时,政府债务管理问题及风险预警机制引起世界各国的广泛关注。

从20世纪80年代的拉美国家债务危机,90年代的东南亚金融危机,到如今的欧债危机、美债危机,我们可以看到,合理的政府债务规模和风险管理策略对促进金融市场及汇率的稳定乃至经济的整体发展至关重要。

一、政府债务风险警戒线的界定

欧债危机和美债危机引起了各国对合理债务负担水平或能承受的最大

债务警戒线的探讨。

运用适度的政府规模指标可以有效防范国债风险，确保债务经济的安全。尽管某些指标分析的结果存在差异，运用的指标临界值也不尽相同，但这种方法已成为当今政府债务风险分析的标准。一般来说，主要通过国债负担率、赤字率、偿债率、国债依存度、中央财政国债依存度、借债率、居民应债能力等指标分析。《马斯特里赫特条约》中所规定的加入欧盟国家"政府财政赤字率不超过 3%，国债负担率不超过 60%"的趋同标准被认为是对历史经验的总结，虽然其初衷是为了欧盟成员国将财政赤字和债务保持在大致相同的水平，以便有利于协调成员国之间的利率和汇率水平，但是，从欧债危机的经验我们可以看到，单纯机械地使用这些不能放之四海而皆准的临界值，得出的结论是难以保证的。与此同时，我们可以看到庞大的公共债务可能带来一系列的问题：巨额偿债支出、市场信心缺失以及对汇率的负面影响等。同时,巨额财政赤字会引起货币贬值和通胀膨胀，这从英镑、欧元、美元的走势也得到充分验证。可以想象，欧洲公共债务负担沉重的国家未来应会寻找新的经济增长点，实施扩张性货币政策，容许较高的通货膨胀率，并采取措施削减财政赤字，而加快欧洲一体化进程包括建立欧洲债券市场也成为欧洲各国关注的路径。不过，必须意识到的是，单靠货币政策并不能解决所有问题，未来必须与财政政策等相关政策配合来推动经济复苏。然而，无论是机制不完整却实施统一财政政策的欧盟，还是拥有财政控制力却没有经济增长能力的美国的经验，我们都可以看到单纯指标的衡量在面对系统性风险的时候自然变得两难。

二、财政赤字、货币危机与通货膨胀的连锁关系

多年来，除了政府债务不能按时偿还导致债务危机的风险外，许多文献围绕持续赤字对货币政策的影响、债务政策对通货膨胀的影响、债务政策与货币危机的内在联系等内容对债务风险进行了广泛探讨。

克鲁格曼（1979）提出了财政赤字导致货币危机的理论。他认为，如果一个国家存在着大量的赤字，为了弥补赤字，则国内的信贷必然会过度扩张，利率下降将促使资本外流甚至是净流出，引起投资者对货币贬值的预期，抛售本币，增持外币。而这时中央银行为了维持固定汇率而对外汇市场进行干预，导致国家外汇储备减少，从而使市场对政府无法维持固定汇率的预期增强，并对该国货币进行进一步的攻击，最终形成全面的货币危机。经济学家爱德华兹曾研究了1954~1975年的87次货币危机，这些危机的共同特征是伴随着巨额的财政赤字，这些赤字往往又通过中央银行对政府的扩张性信贷政策来弥补。因此，财政赤字与货币危机的相互关系应该引起高度重视。

科莱和科侯（1998）在吸收前人研究成果的基础上，对债务危机的爆发机制进行了进一步探讨。他们认为，政府债务危机的直接原因是公众预期的改变，但根源却在于政府支出的过度增加。当政府债务水平、债务的期限结构、私人资本存量等影响政府债务安全的基础变量进入了危机区域，政府将失去市场参与者的信任，从而引起危机的爆发。当政府处于危机区域时，最佳债务政策有两个：一是削减开支，降低债务水平；二是延长债务到期时间，有效缩小危机区域。出于可行性的考虑，后者在实践中得到更多关注。应当说，债务水平进入危机区域，如果政府采取有效对策，应能避免危机的爆发。

三、政府债务组合——资产负债表与财政金融稳定的连锁关系

从国际经验看，政府的债务组合通常是国家最大的金融资产组合。它包含了复杂和高风险的财政结构，并且会对政府的资产负债表和国家财政金融的稳定带来风险。政府应该控制流动性风险，以及其他使经济对外部冲击表现得特别脆弱的风险。一些债务市场危机反映了稳健债务管理和操作的重要性，并呼吁建立一个有效和健全的资本市场。尽管国债管理制度

不是这些危机爆发的唯一或者主要原因,但是政府债务组合的期限结构、利率和货币组成经常是严重危机的起因。即使在稳健的宏观经济政策环境中,高风险的债务管理操作也可使经济在遭受金融冲击时更加不堪一击。但是,稳健的债务管理政策并不是万能药或者对稳健财政货币管理的替代,它需要与稳健的宏观经济政策,包括经济刺激方案和财政稳定计划相配合来抵御危机。

确定政府债务风险临界值是一项复杂的系统工程,应根据经济结构、经济增长率、居民收入分配和消费水平、市场体系发育程度、金融深化的程度、国债市场发育状况、财政收支情况、政府管理效率、国债结构与成本—效益状况、财政与货币政策目标来综合考虑。

第四章　银行业国际化与金融安全

经历了 2008 年的金融危机，欧美国家的银行业遭受重创，据国际货币基金组织 2010 年发布的《全球金融稳定报告》显示，此次危机造成信贷损失将超过 2.3 万亿美元。而我国银行业在此危机中的直接损失相对较小，国际地位反而得到了提高，而这恰恰是我国银行业国际化程度还比较低的结果。我国银行业国际化的问题受到了世界各国的关注，如何进行国际化，以及处理好国际化与金融安全的关系成为我国银行业开放中的关键问题。

第一节　我国银行业国际化的动因及进展

一、银行国际化

银行国际化是指银行跨越国界从事经营活动，从封闭走向开放的过程。从广义上来理解，银行国际化包括单一银行的国际化和一国银行体系的国际化两层含义。所以，银行国际化是其跨越国界的过程或发展趋势，即以货币的国际化为基础，以资本的国际流动为纽带，通过各国货币政策的国际传递与协调，实现金融资源在世界范围的优化配置。这个过程往往伴随着国内金融管制的放松、国家政策的开放和行业竞争的加剧。

单个银行的国际化，是指一家银行由国内银行发展成为国际银行的过程，主要包括机构国际化、股东国际化、业务国际化、管理国际化和人才国际化等五个方面。一国银行体系的国际化，指外资银行进入和本国银行走出去的全过程。

二、我国银行业国际化的动因

在金融全球化背景下，实现国际化经营以更大限度地参与国际竞争、分享全球金融利润成为我国银行业追求的目标。而国际化作为一种制度安排，不仅取决于我国商业银行自身的决策和努力，更有赖于国际金融环境、我国的制度变革、法律框架和经济基础。

（一）理论动因

任何实践活动都是以理论为基础，并在理论上发展完善起来的。银行国际化经营的理论动因是世界通用、不带有国家民族色彩的。其根本目的是获取经济利益，基本动力源是取得比较优势、规避经营限制、降低税收负担以及分散经营风险等，冲破地缘的自然因素和民族国家的政治因素对

银行经营和发展所设定的限制。对此,主要有以下几种理论基础:

比较优势理论。由于各国的法律环境和经济基础存在差异,金融市场的发展程度和竞争程度不同,银行经营效率有高有低,再加上国际贸易中金融壁垒的存在,使各国银行之间存在不同的比较优势。金融市场竞争激烈,存贷利差小,银行的效率就高,在进行跨国经营时就具有比较优势。因此,各国银行间存贷利差的不同是银行国际化的主要原因。

资本流动理论。资本跨国流动和资本输出是为了追求剩余价值,而这又是与国际分工和生产国际化相伴随的。早期的资本流动理论认为,资本作为一种生产要素,必然会流向高收益的国家,而高收益源于国际信贷市场上的利差和 FDI 的利润,现代资本流动理论补充,资本流动还要考虑国内和国外风险水平及投资者的能力。也就是说,银行业国际化的过程和趋势是为了获利的同时规避风险。

三分类理论。国际银行的功能可分为跨国零售业务银行、跨国服务业务银行和跨国批发业务银行,每种类型的银行有各自的比较优势,也就产生了不同的国际化的动因。跨国零售业务银行把在国内的现金管理技术、市场拓展技能等应用到国外,充分发挥其内在的垄断优势,以拓展海外市场,获取更大利润。跨国服务业务银行的国际化主要是为了维持与原有跨国公司等客户的合作关系,为其海外子公司提供资金支持、贸易结算等。跨国批发业务银行通过海外扩张规模,分散经营管理费用,获得规模效用,并通过离岸业务销售税收优惠,降低成本。

内部化理论。由于国际金融市场的不完全使银行的技术、客户等中间产品的交易效率非常低,通过有效的管理手段和组织结构使以上的外部交易内部化可以提高银行的效率和利润。由于国际市场的不完全性更高,因此银行的海外扩展可以获得更多的利润,同时分散风险,稳定投资收益。

此外,还有国际生产综合理论、对外直接投资理论等也是银行国际化经营的理论基础和动因,这些理论都为我国银行业开放,走向国际化提供了坚实的理论基础。

(二) 发展动因

以上分析为我国商业银行的跨国经营提供了理论支持，但我国银行业的发展策略应根据我国不同阶段的国情状况来制定，不能脱离经济基础。在经济、金融全球化、信息化与市场化不断推进的时代背景下，我国商业银行越来越有必要加快国际化发展，以拓展生存和发展空间。

其一，我国企业和居民的跨境金融服务需求增加。随着我国经济与世界融为一体，国内企业纷纷加速对外贸易的力度，并开始在国外设立分支机构，进行对外直接投资。截至 2010 年底，中国对外直接投资累计已达到 3172.1 亿美元，居全球 17 位，并覆盖了国民经济所有行业类别。投资地区和国家达 170 多个，境外设立 1.3 万家企业，年度投资 688.1 亿美元，其中非金融类 601.8 亿美元。对欧盟、东盟、美国、日本等世界主要经济体的投资流量均有 50% 以上的增速。企业跨国经营活动的蓬勃发展，需要我国商业银行提供相应的"跟随"服务。此外，近年来中国居民境外消费日益增加，跨境金融服务的需求随之大幅增长，如招行信用卡持卡人仅 2009 年境外消费额就超过 170 亿元人民币。所以，我国银行要加快国际化发展，提供高效、优质的跨境金融服务，满足我国企业和居民的需求，否则会造成客户的大量流失。这一动因与三分类理论的理论基础是一致的。

其二，我国商业银行需要迅速提升国际竞争力。随着我国银行业市场的开放，越来越多的银行走进我国市场，加剧了市场竞争。截至 2010 年底，有 45 个国家和地区的 185 家银行在华设立了 216 家代表处，在我国境内注册的外资独资和合资法人银行 39 家，下设分行 229 家。外资银行在华资产总额超过 1.74 万亿元人民币。到 2010 年末，32 家中资银行引进 41 家境外投资者，共引资 384.2 亿元人民币。我国金融市场已成为国际金融市场的重要组成部分，在国际化的竞争环境中，我国银行就要尽快提升自身的国际竞争力，赢得生存发展空间。而我国银行推进国际化发展，对提升自身的国际竞争力、学习先进的管理经验和技术、培养高级管理人员等具有重要现实意义。

其三，从内外条件看，我国银行已具备了国际化的可能性。一方面，国际金融危机为我国银行提供了国际化发展难得的机遇。危机后，欧美各大银行的去杠杆化成为当务之急，它们需要变卖巨额的资产并补充大量资本金，才能使杠杆率降低到合理水平。也就是说，欧美银行会收缩或退出海外市场特别是新兴市场，这将给我国银行的国际化发展腾出一定的业务发展空间和客户资源。另一方面，危机后大量外资银行的破产倒闭为我国银行开展海外并购提供了机会。很多银行在金融危机中陷入财务困境，四处寻求资金来源，东道国政府一般会降低外资银行进入门槛以维持金融的稳定，化解金融风险。这些都为我国银行通过并购重组实现低成本扩张提供了较好的机遇。第三方面是为我国银行吸收高端金融人才提供了机会。此次金融危机也给金融领域的就业市场带来巨大冲击，陷入困境的金融企业大规模裁员以削减成本。这为我国银行以较低成本选聘高端金融人才提供了机会。

其四，近年来我国银行在国际化方面也进行了积极探索，积累了一些经验。目前已有7家中资银行控股、参股12家外资金融机构，我国银行在近30个国家和地区设立分支机构和代表处1000余家，业务范围涵盖商业银行、投资银行、保险等多种金融服务领域。并在金融危机中通过兼并收购、新设机构等方式继续推进国际化进程。

三、我国银行业国际化的进展

随着我国金融业的全面开放，我国银行业一方面通过允许外资银行在国内设立分支机构，设立独资合资银行，引入战略投资者来学习先进技术、提高自身竞争力，另一方面，通过新设海外机构、并购、海外上市等方式进行市场拓展。实践表明，自2006年入市五年过渡期满后，我国银行业的对外开放进程逐步推进，与战略投资者的合作进一步加强，国际化进程取得了一定成绩。

（一）"引进来"的现状

2010年，我国银行业对外开放程度进一步扩大，在华外资银行营业性机构资本和拨备充足、资产质量良好，流动性和赢利状况较好。截至2010年末，有45个国家和地区的185家银行在华设立了216家代表处，有14个国家和地区的银行在华设立了37家外商独资银行（下设分行223家）、2家合资银行（下设分行6家，附属机构1家）。外商独资财务公司有1家，另有25个国家和地区的74家外国银行在华设立了90家分行。

截至2010年末，共有32家我国商业银行引进41家境外投资者，引进外资余额为384.2亿美元，其中2010年引进外资54.2亿美元；16家新型农村金融机构引进5家境外投资者，引进外资余额为0.8亿美元，2010年引进外资0.3亿美元；9家中资银行在海外上市，引进资金余额为630.8亿美元，其中2010年海外上市引进资金137.4亿美元。表4-1反映了我国主要商业银行外资入股的情况。[1]

截至2010年末，在华外资银行资产总额1.74万亿元，同比增长29.13%，占全国金融机构资产总额的1.85%；各项贷款余额9103亿元，同比增长26.4%，占全部金融机构各项贷款余额的1.79%；各项存款余额9850亿元，同比增长40.3%。在华外资法人银行平均资本充足率为18.98%，核心资本充足率为18.56%。

表4-1　我国商业银行引入外资时间及比例

银行	时间	战略投资者	参股金额	持股比例
工商银行	2005年10月	美国高盛集团	25.8亿美元	7.00%
		德国安联集团	10亿美元	2.50%
		美国运通公司	2亿美元	0.50%

---

[1] 黄宪、赵征：《开放条件下中国银行业的控制力与国家金融安全》，中国金融出版社，2009年第1版，第179页。

续表

银行	时间	战略投资者	参股金额	持股比例
中国银行	2005年8月	英国苏格兰银行	30.48亿美元	9.61%
		淡马锡全资子公司亚洲金融控股	15.24亿美元	4.80%
	2005年9月	瑞银集团	5亿美元	1.55%
	2005年10月	亚洲开发银行	7374万美元	0.23%
建设银行	2005年8月	美国银行	25亿美元	9.00%
		新加坡淡马锡控股富登金融	14.66亿美元	5.10%
中信银行	2006年11月	西班牙毕尔鄂维茨卡亚对外银行	5.01亿欧元	5.00%
广发银行	2006年11月	花旗集团	7.15亿美元	20.00%
		IBM	1.69亿美元	4.74%
华夏银行	2006年4月	德意志银行	13.06亿人民币	7.02%
		德意志银行控股卢森堡股份	5.36亿人民币	2.88%
		萨尔·奥彭海姆银行	7.59亿人民币	4.08%
		新加坡磐石基金	1.25亿人民币	6.88%
交通银行	2004年8月	英国汇丰银行	17.47亿美元	19.90%
深圳发展银行	2004年5月	美国新桥投资集团	1.53亿美元	17.89%
		GE金融	1亿美元	7.00%
兴业银行	2004年4月	香港恒生银行	17.26亿人民币	15.98%
		国际金融公司	4.32亿人民币	4.00%
		新加坡政府直接投资有限公司	5.39亿人民币	5.00%
浦发银行	2003年9月	花旗集团	7200万美元	4.62%
民生银行	2004年11月	淡马锡	1.1亿美元	4.55%
光大银行	1996年10月	亚洲开发银行	1.6亿人民币	3.29%
	1999年9月	国际金融公司	NA	7.00%
北京银行	2005年3月	荷兰国际集团	17.8亿人民币	19.90%
		德意志银行	NA	5.00%
宁波银行	2006年1月	新加坡华侨银行	5.7亿人民币	12.20%

（二）"走出去"的现状

商业银行"走出去"进行国际化的过程主要有两种途径。一是设立形式各异、规模不一的海外分支机构，如代表处、分行或在当地享有独立法人资格的子银行。这种方式对资金要求比较灵活，规模可控，但是进入东道国的速度较慢，业务范围受限较多。二是进行海外并购，采用这种方式可以迅速占领东道国市场，并从事并购银行的所有业务。当然，银行应考虑各自的经营特点和发展状况及目标市场，订立适当的扩张战略。

加入WTO之后，我国商业银行就加快了海外市场扩张的速度。入世五年过渡期满，各商业银行反而放缓了扩张步伐，从2006年底至2010年底，仅有中国银行及工商银行两家有明显的扩张。但截至2010年末，中国银行境外总资产占全部的比例为18.83%，而工商银行的境外资产占比仅为3.1%，可见我国商业银行的国际化进程还相对缓慢。具体情况见表4-2。[1]

表4-2 我国商业银行海外分行情况

	2006年底		2009年底	
	分行数量	分支机构数量	分行数量	分支机构数量
中国银行	21	689	34	984
工商银行	17	98	25	203
建设银行	11	—	10	—
交通银行	8	—	11	—

在国际商业银行并购浪潮的推动下，我国商业银行也审时度势，结合自身特点开始积极拓展海外市场，参与国际金融市场竞争，开展境外银行并购的尝试与探索。虽然国际银行业的经验表明，跨国并购是实现跨国经营的最佳途径，但我国商业银行对海外并购显得十分谨慎。一方面是因为近年来我国金融企业，如平安保险、中投公司等在海外收购实践频频失败，另一方面是因为各家银行从自身发展战略出发，并未被全球抄底的思想所左右。截至2009年底，我国商业银行主要跨国并购案达20多起，具体数据见表4-3。[2]

[1] 中行、工行、建行、交行2006年和2010年年报。
[2] 各行年报。

表4-3 我国商业银行海外并购情况

并购时间	并购银行	目标银行	持股比例	交易金额
1984-09	中国银行	澳门大丰银行	50%	NA
1994-04	建设银行	香港工商银行	40%	NA
1998-01	工商银行	西敏亚洲证券	60%	0.12亿美元
1998-11	中信银行	嘉华银行	61.38%	NA
1998-10	建设银行	香港新建银行	30%	NA
2000-04	建设银行	香港友联银行	53.24%	2.32亿美元
2001-09	中国银行	南洋商业银行	100%	NA
2001-09	中国银行	集友银行	100%	NA
2002-02	建设银行	香港新建银行	30%	0.13亿美元
2002-03	工商银行	中保太平洋保险	24.9%	1.78亿美元
2003-12	工商银行	华比富通银行	100%	0.96亿美元
2004-12	工商银行	华商银行	100%	0.96亿美元
2006-08	中国银行	美国银行（亚洲）	100%	12.48亿美元
2006-12	中国银行	新加坡飞机租赁	100%	9.65亿美元
2006-12	工商银行	印尼哈利姆银行	90%	0.115亿美元
2007-07	国家开发银行	英国巴克莱银行	2.64%	29.81亿美元
2007-08	工商银行	澳门诚兴银行	79.93%	5.72亿美元
2007-09	工商银行	香港JEC投资公司	40%	10.18亿美元
2007-10	民生银行	美国联合银行	9.99%	3.17亿美元
2007-10	工商银行	南非标准银行	20%	54.6亿美元
2007-11	中国银行	东亚银行	4.94%	5.1亿美元
2008-05	招商银行	永隆银行	53.12%	46.4亿美元
2008-07	中国银行	瑞士和瑞达基金	30%	0.088亿美元
2009-08	建设银行	美国国际信贷	100%	0.7亿美元
2009-09	工商银行	泰国ACL银行	19.26%	1.04亿美元

从以上统计数据可以看出，我国银行的海外并购主要集中在亚洲、非洲等新兴市场地区，而欧美银行业较为发达的地区我国银行的分支机构较

少。我国与亚洲地区的文化风俗相近，并购较为容易，而彼此相近的文化价值观念也促进了合作和赢利。相对于其他国际银行的并购，我国银行的并购规模较小，且多属于同业竞争者之间的横向并购，纵向并购和混合并购较少。此外，我国多数商业银行境外机构的资产业务都以占全投资和贷款为主，吸收当地存款较为困难，资金来源与运用期限不匹配。以上我国银行海外并购存在的问题还需要在实践中进一步进行探索。

第二节 我国银行业市场对外开放对金融安全的冲击路径

我国在加入世界贸易组织 5 年过渡期结束后，全面开放银行业。2006 年 12 月 11 日，全面取消了对外资银行经营地域和经营范围的限制，允许外资银行提供人民币业务，给予外资银行国民待遇。

外资银行对金融安全的影响，是通过对东道国本土银行和金融市场稳定性的影响来传导的。外资银行的进入会影响我国银行业的风险，进而影响我国的金融安全。外资银行进入我国市场主要有开设分行、参股中资银行、建立合资银行和设立独资银行四种方式，我国金融稳定性和金融安全的影响机制随进入方式的不同而不同。其中设立合资和独资银行主要受我国的监管，与国内银行的监管要求一致，带来的风险较小，而开设分行和参股中资银行的影响相对较大，具体传导机制如图 4-1 所示：

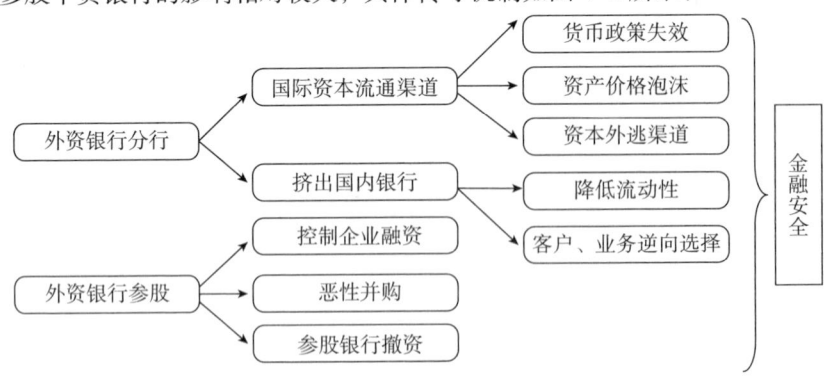

图4-1 外资银行进入对我国金融安全的影响机制

一、外资银行分行对我国金融安全的影响机制

分行是外国银行在东道国境内的分支机构，不具有独立的法人资格，是外资银行在东道国境内的延伸和组成部分。外资银行分行主要通过作为国际资本的流通渠道和对国内银行的影响对我国金融安全产生影响。

（一）作为国际资本流通渠道对我国金融安全的影响

1. 对我国货币政策的影响

货币政策是一个国家进行宏观调控、保持经济稳定的重要手段之一，且一国的货币政策主要是通过该国的银行市场来发挥作用的。也就是说，货币政策要求在货币工具、调控目标、中间目标和政策目标之间保持相互的稳定关系，而这些工具和目标需要通过银行传导才能对实体经济发挥作用。外资银行分行会干扰货币政策实施的有效性，增加金融风险。首先，外资银行在我国设立的分行资金主要来自国外金融市场，且能够较方便地从国内银行获得人民币资金。这样，由于资金来源的多样性，货币政策对外资银行的调控能力较弱。其次，外资银行外汇贷款利率不受我国中国人民银行的管制。随着我国银行市场外资分行的增多，意味着不受利率管制的金融业务量的增大，这将大大降低我国进行利率管理的有效性。最后，同业资金不要求交存款准备金，这也就降低了准备金制度的有效性。所以，由于我国银行市场对外开放，外资银行设立分行使我国的货币政策难以达到预期的目的。

2. 对我国资产价格的影响

外资银行的总行和分行之间可以自由地调拨资金，将资金从剩余的地方转移到有大量资金需求的地方，这是现阶段外资银行在我国分行的主要资金来源，通过这种渠道进入我国的外币资金可以规避我国的资本管制措施。外资银行分行还能吸收人民币存款和通过银行间拆借市场获得充足的人民币，当企业或非银行类金融机构需要资金时，就能以抵押贷款的方式来从事人民币在资本项目下的间接兑换。通过该途径，境外的外汇就实现

了人民币在资本项目下的兑换。长此以往，大量外国资本通过外资银行分行流入我国的证券市场或房地产市场，可能导致资产价格上涨形成资产泡沫，或使基础货币增加，增加银行坏账，提高金融市场的汇率风险、通胀风险，增加金融体系的不稳定性。

3. 作为资本外逃渠道的影响

外资银行分行的资金调度受银行总行的控制，我国监管当局难以对其总行的风险进行检测和控制。当外资银行总行发生危机或总行所在国经济衰退，风险会通过内部渠道影响到我国境内的分行。这可能使我国的存款人的财产权利无法得到保障，同时通过银行间的业务往来影响我国国内银行的经营，甚至影响到我国的实体经济。

（二）通过挤出国内银行对我国金融安全的影响

1. 对我国银行流动性的影响

到2010年末，我国外资银行资产总额1.74万亿元人民币，占全国金融机构资产总额的1.85%；各项贷款余额9103亿元人民币，占全部金融机构的1.79%；各项存款余额9850亿元人民币。随着外资银行在我国市场份额的扩大，外资银行将在一定程度上替代国内商业银行的业务，分流人民币业务的资金。国内银行的资金来源减少，将对银行的流动性产生不利影响。由于我国的历史特点，国内商业银行的不良资产较多，流动性降低会增加国内银行的经营风险。此时可能会有银行通过抛售资产来增加流动性，达到监管要求，而这又会使流动性差的银行资不抵债，甚至导致银行危机。

2. 对我国银行客户和业务的影响

进入我国的外资银行一般都具有明显的竞争优势，如资金成本低、贷款开放能力强、贷款质量高等。相反，我国银行在信贷市场竞争中将处于弱势地位。外资银行将利用自身优势优先选择赢利能力强和财务状况良好的大企业作为自己的客户，而国内商业银行只能在中小企业、效益差和信用度低的高风险客户中进行客户选择，或者承担全部的政策性贷款，这将提高银行投资组合的风险水平，使金融体系不稳定。另外，外资银行能够以较低的价格提供更具有竞争力的产品，夺取赢利高的业务，挤出国内银行。这样竞争的结果是生意好的客户选择价格低且服务多样化的外资银行，而国内银行的信贷风险增高，赢利下降甚至亏损。当国内较多银行受此影响时，我国整个金融体系的安全将受到威胁。

二、外资银行参股对我国金融安全的影响机制

随着我国银行业的对外开放，越来越多的外国银行以参股我国银行的方式进入我国金融市场。且近几年我国大型国有商业银行纷纷首发上市，在上市之前，一般都会引入战略投资者来多样化股权结构。毫无疑问，这将对我国的金融改革产生积极影响，但同时也给我国银行体系带来了不稳定因素。

（一）股权变化对金融安全的影响

《境外金融机构投资入股中金融机构管理办法》规定，单个境外金融机构向中资金融机构投资入股比例不得超过20%。虽有规定限制外资参股的份额大小，外国投资者无法轻易控股我国商业银行，但外资股东的参股动机和意图与中国政府引进战略投资者的出发点难以完全一致，因此存在对我国金融安全的潜在威胁。并且当外资股东股权相对较大，而其他股权相对分散时，外资股东仍然有可能取得公司的绝对控制权。此外，外资银行还可以通过其在我国境内的独资、合资法人银行进行收购，以获得我国银行的绝对控制权，从而决定贷款规模与投向，并避免与外资银行的利益冲突，使我国企业对外资银行贷款依赖度变高，影响企业融资安全和经营稳定。

（二）外资参股对资本账户和人民币的影响

目前，人民币迫于国际压力正处于不断升值阶段，外资银行通过少量资本金参股我国银行享受到了资本利润和货币升值的双收益。而为了将收

益输回总行所在国，外资银行和外国政府可能通过政治手段迫使我国加快资本项目的开放，并进一步促使人民币升值。这却会给我国经济带来不利影响，人民币升值使出口下降，经济增长放缓，银行会出现坏账风险，经营恶化。此时，若外资股东抽逃资金，会使我国银行雪上加霜，资产质量进一步下降。而当人民币在国际压力下贬值时，外资银行会重新进入我国金融市场，以低廉的价格获得我国金融资产。如此一次次的循环，必将导致我国的金融稳定和经济运行受到极大的损害。

（三）参股银行撤资对金融安全的影响

国际并购案例表明，外资银行参股的短期行为会对一国的金融体系造成冲击或产生不良影响。我国法律规定，外资银行战略投资我国商业银行 2~3 年内不能撤资。但 2 年或 3 年之后，当外资银行发现更好的投资机会时，就会采用出售股权的方式撤出，这会给银行经营带来不确定性，使风险增加。

第三节　我国银行业"走出去"过程中对金融安全的影响机制

近年来，随着引入战略投资者、海外上市等一系列国际化举措付诸实施，我国银行"走出去"的步伐逐渐加快。1985 年我国银行业海外资产仅 90 余亿美元，到 2010 年末已超过了 2700 亿美元。国内大型国有银行、中小股份商业银行在不断扩大和巩固内地市场份额后，纷纷通过各种方式谋求海外业务的增长。

银行从事跨国经营主要有两种途径，新建投资和跨国并购。新建投资方式是指在投资东道国开设代表处、分行或申请设立在当地具有独立法人资格的子银行从事跨国业务。跨国并购则是以现金、股权或二者结合的方式购入目标银行的股份达到参股或控股的目的，从而将业务延伸到海外。

两种扩张方式的比较如表4-4所示,[1] 两种途径的影响机制如图4-2所示。

表4-4 银行海外经营的两种途径比较

	新建投资	跨国并购
准入门槛	东道国监管当局要求严格	一般较低
协同效应	与母行协同效应低	整合过程中产生
扩张速度	进入东道国速度较慢	迅速占领东道国市场
投入成本	新建规模小,投资金额灵活	一般要求大量资金
面临风险	母行的附属机构,比较容易控制	影响因素多,失败可能性较大
业务范围	有较多限制,只能从事有限银行业务	可以从事被并购银行的所有业务

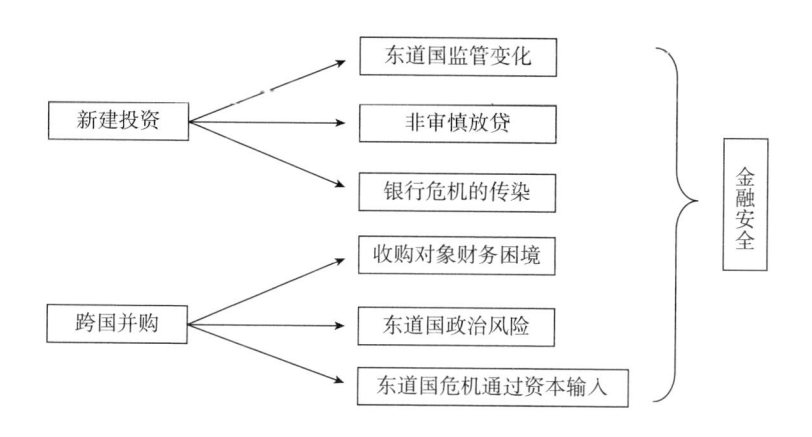

图4-2 两种途径对我国金融安全的影响机制

一、新建投资对我国金融安全的影响

目前,我国的大型国有商业银行,如中、农、工、建、交等已逐渐加快了海外扩张的步伐。其中,中国银行的国际化经营程度最高,到2009年底,中行共有927个分行、代表处、子公司等分布在全球29个国家和地区。其他银行的分支机构相对较少,从十几个到二十几个不等,海外资产占银

[1] 王果:《我国银行业海外发展的模式及选择》,载《国际经济合作》2007年第7期。

行总资产的比重更是少之又少。但随着我国银行业国际化和金融全球化进程的加快，银行海外新建投资对母行甚至母国金融体系的影响应受到越来越多的重视。

首先，不同国家和区域对设立外国银行分支机构的限制不同，对外国银行分支机构的业务授权范围和监管也不同。当东道国政府出于保护本国银行系统的考虑，而对外国银行的分支机构经营业务设定更多的限制时，我国银行的海外分支机构应对此做出业务上的合理调整，以防止分支机构业务减少而导致的利润大幅下降，从而影响母行的正常经营和利润减少。例如，欧美银行业对我国银行设立分支机构的准入门槛很高，业务范围限制也较多，我国银行应尝试以设立子银行的方式取得所在国法人资格，独立开展经营活动，最大限度地避免条件的限制。

其次，当东道国政府对经济进行调整，采取相应的货币政策时，也会通过海外分支机构对我国的金融稳定产生影响。当东道国经济过热，其政府紧缩货币政策时，会导致大量当地企业资金短缺，生存困难。这些企业会迫切需要获得贷款支持，这时我国银行不应为急于扩大业务规模而盲目进行贷款，进行非审慎性放贷。相反，更应该严格审查贷款企业的资信和经营状况，进行更谨慎的信贷风险管理，避免大量呆账、坏账的产生，而影响整个银行的经营状况。尤其是我国的国有银行在国内市场有举足轻重的地位，可谓牵一发而动全身，一个银行经营状况的恶化很可能导致整个国家金融体系的不稳定。

最后，我国银行的分支机构及海外子公司作为连接国内国外的资本流通渠道，除了可以输出我国国内的银行危机，同时还能将投资东道国的经济危机输入我国银行。大范围的银行挤兑、东道国企业贷款违约、市场上金融资产价值缩水，无疑也会影响到我国银行的海外机构。这种影响可能通过分支机构和资本市场传导入我国国内，引起境内银行的经营波动甚至危机。

二、海外并购对我国金融安全的影响

从当前国际银行的发展来看,可以说其发展历史就是一部并购重组的历史。汇丰、花旗等跨国银行都是通过兼并收购走上了国际化的舞台。21世纪以来,伴随着我国金融业的改革开放,跨国金融机构对我国银行业的并购显得尤为瞩目。我国金融市场的开放为外资银行提供了巨大的扩展空间,同时也为我国银行增强自身实力"走出去"提供了前提条件和机遇。与此同时,我国银行在实施"走出去"战略过程中也应考虑对我国金融安全的影响。

首先,错误的收购对象会带来巨额亏损。我国银行在进行海外并购时要充分考虑目标银行的市场地位、品牌价值、产品优势以及服务经验等。最重要的是对并购风险和可行性进行谨慎的研究,对大量信息进行筛选,去伪存真,对收购对象的财务状况严格审查,调查收购目标是否陷入财务困境,避免被财务假象所迷惑,造成巨大损失。如民生银行开始收购美国联合银行,先后在2007年10月和2008年12月收购了美联银行共9.9%的股份。而在2009年11月,美联银行就宣布破产,民生银行亏损8.87亿元。美国联合银行实际是一家华人银行,且在民生收购之前财务就出现了问题,并不像报表上所展示的那么好,所以,民生收购美国联合银行是有先天缺陷的。而且我国银行的海外并购路程走得并不顺利,多家银行的并购发生了亏损,长此以往,无疑将对我国的金融市场带来极大不稳定性。

其次,收购目标所在国的政治风险直接影响收购成败。对于国民经济的支柱产业和命脉,如银行业,东道国政府往往对国外银行的收购持抵触态度。尤其当被收购银行业绩良好,有很大的发展潜力时,我国银行在收购前应调查东道国政府的举措和态度。此外,还应关注当地的政治、商业、贸易和法律环境,尽量避免选择与我国没有长期外交关系、政治局势不稳定的国家或地区。即使在并购完成后,若忽略了东道国政府对并购目标的注资或参股行为,可能会不利于我国银行海外股权的决策,导致我国银行的亏损或股权权益受损。

最后,东道国经济危机的传导直接威胁我国金融安全。东道国危机发生时,被收购银行必然会产生大量不良资产,银行的经营和收益都将受到影响,同时,我国银行的投资收益也必然受损,甚至危机会通过账户资本资产等通道传导入我国。

第四节　国际金融危机中银行业的危机传导机制

2008年下半年以来,美国次级按揭贷款引发了全球性的金融危机,而次贷危机的源头就是美国的银行等金融机构在经济繁荣时期放松了贷款条件,退出了前松后紧的贷款产品。从花旗银行、美林证券的巨额亏损,到第一国民银行、印蒂麦克银行的先后破产,众多美国银行纷纷出现了流动性不足甚至破产的情况。之后,一些欧洲国家的银行受危机影响也流动性紧缩,经营陷入困境。可见,在金融危机中银行业的危机传导严重影响着一国的经济稳定。

银行危机的传导是某一银行由于经济波动等原因,造成信贷资产的损失,银行流动性缺乏,这种情况通过金融市场传导,使另一个或一些其他的银行流动性缺乏,从而引发银行危机在银行间传递的过程。银行危机的传导通常发生在一个国家的不同地区的银行之间,或不同国家的银行之间。在相互关联的市场中,经济波动的传导是普遍存在的,当经济波动传导导致银行资产负债结构不良变化时,就演变为危机的传染。银行危机传导效应表现为一个国家的银行危机会迅速扩散到其他国家,进而迅速演变为区域性的金融危机。

一、金融危机中银行的危机传导机制

弗里德曼认为,当金融系统承受经济冲击的能力较弱时,系统是脆弱

的。一旦某家银行发生危机，就很容易冲击其他健康银行，增加其他银行危机发生的可能性。而金融脆弱性是银行体系与生俱来的，金融脆弱性与危机传导之间是不断发展的循环过程。脆弱性是危机发生的根本原因，传导使脆弱性越来越严重。金融危机通过金融脆弱性传导的机制有复杂的债务关系、储蓄者、企业、不良资产等。

（一）复杂的债权、债务与危机传导

一国之内的不同银行或不同国家之间的银行往往拥有一部分相同的储蓄者、贷款对象和投资对象。此外，银行之间还通过国内的银行间拆借市场或国际拆借市场互相借贷，以满足存款准备金的要求，而这种拆借往往是没有抵押而完全依赖于银行信誉的。如图4-3所示，银行之间存在如下的资金流，金融危机在银行之间传导具体表现为通过储蓄者、银行和企业之间的资金流进行传导。

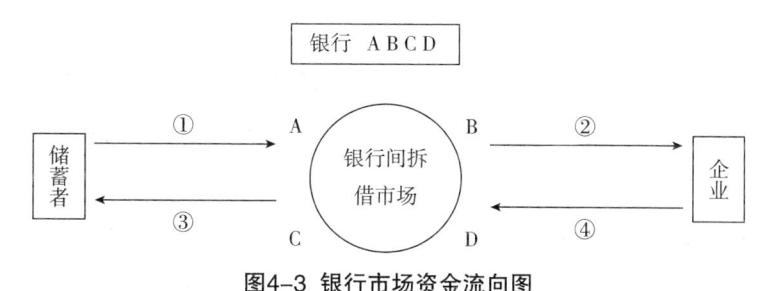

图4-3 银行市场资金流向图

在①②③④四个环节中，任何一个资金链条断裂都将影响银行的正常运营。当一个银行的经营出现问题，丧失资金来源时，其向信贷市场的信贷供给将会减少，原有的合作企业无法得到所需贷款，企业的正常经营受到影响，销售和利润下降，必将影响该企业对其他银行的正常还贷，出现信贷违约。此时，其他相关银行的流动性也降低，可能出现挤兑现象，并影响对其他企业的贷款。如此循环叠加影响，再加上银行间拆借市场可能出现的违约等情况，终将导致整个银行体系的危机。同样，源自企业的信贷违约，也会通过市场的作用引发储户的挤兑和银行危机。

(二)储蓄者预期与危机传导

银行是高负债经营的机构,其正常运行一是依赖于投资者即储蓄者对资产未来价值的预期和相关合约规定的未来现金流能否实现的预期;二是依赖于储蓄者的信心。当某一投资者预期未来资产价值将下降,或无法收到预期的现金流时,将会减少对银行的存款投入和资产购买。首先,这种不确定、悲观的预期会在所有投资者之间传染,相互影响,最终使整个市场的存款供给量减少,从而影响市场上所有银行的正常经营。其次,投资者对一个地区银行市场的投资信心的丧失,会转移到其他国家,使投资者减少对其他国家金融资产的持有量。例如,在1994年由于银行不良资产骤增引发的墨西哥金融危机中,投资者的信心遭受重创,投资者在拉美地区的股市大量撤资,从而导致美国、日本、中国香港等世界主要金融市场的银行危机和经济波动。此外,银行和储蓄者之间存在信息不对称。一旦国际性的危机爆发,存款人和银行对银行清偿能力的信息不对称可能使单个银行破产,并通过危机传导并造成整个银行业危机。同时,银行的恐慌会导致各银行对流动性资金的争夺,加剧流动性短缺程度,使危机扩散和加深。

在银行经营过程中,储蓄者的预期和信心贯穿始终,存款、放贷、借款都是在预期决策下进行的。一旦经济波动或经济危机爆发,导致投资者的结果与预期不一致,影响到债权人和债务人的利益,银行脆弱性加强,银行危机就会在同业之间传导,扩大经济危机的影响。

(三)不良资产与危机传导

大部分银行的主要资产是发放给企业或个人的贷款,此外,还包括一些金融市场上的证券或衍生品。当经济危机发生时,一国可能会出现出口下降、消费疲软、投资减少的情况,这使生产企业的正常经营和个人收入受到影响,银行的贷款就存在无法收回的危险。我们知道,银行之间往往是互为债权人、债务人的关系,一家银行的不良贷款增加,资产质量下降,必将影响该银行的债权人银行的收益。同时,该银行会催促其他企业或银行还款，使流动性紧张的情况扩散，危机在银行之间进行传导。另外，实体经济的波动也会在不同地区和国家之间传播，当实体经济危机传导至其他国家时，银行危机也就随之扩散。

除了实体经济波动造成银行资产下降会导致银行间危机的传导，危机中资产组合的调整也会造成危机的传导。一国银行业经营风险增加，危机出现时，会导致该国资产价格的重估。基于资产组合理论，各大银行和投资机构必然调整其资产组合，减小或放弃与危机发生国状况相似的资产。这种大规模的投资组合调整会给其他原本没有发生银行危机的国家带来冲击，引发跨国银行业危机的爆发。

2008年由美国次贷危机引发的全球金融危机就是由于实体经济中的房地产泡沫破灭，使大量企业破产倒闭，大量劳动力失业，使银行次级住房贷款的违约率急剧上升。同时，以次级贷款为基础的资产抵押证券（MBS）等衍生品也骤然缩水，使银行的不良资产增多，造成了危机在银行间的传导，并进一步加剧了实体经济的危机。

二、案例分析：冰岛银行

北欧小国——冰岛曾长期被誉为"世界最幸福国家"之一，并多次被联合国评为"最宜居国家"。但在经历了2008年的金融危机之后，冰岛却成了第一个"破产"的国家，并且由于银行业的超速发展，冰岛人均背负了20万美元的债务。

20世纪90年代，冰岛以银行民营化为契机走上了"金融立国"之路，人们放弃了渔业、旅游业等传统经济行业，将经济发展重点转移到金融上来。至2008年6月危机爆发前夕，冰岛三大银行Kaupthing、Landsbanki和Glitnir的资产规模总计达到14.4万亿克朗（约合1280亿美元）。与之相比，2007年冰岛的国内生产总值仅为1.3万亿克朗（约合193.7亿美元）。

2008年底，冰岛三大银行相继宣布破产，被收为国有。9月29日，冰岛宣布将第三大银行 Glitnir 收归国有；10 月 7 日，冰岛政府宣布接手第二大银行 Landsbanki；时隔两天，冰岛政府宣布接管第一大银行 Kaupthing。冰岛的宏观经济步入危机时的结构特征可以描述为经济金融化、金融全球化、银行证券化。总结冰岛三大银行相继破产、危机形成的原因，有以下几点：根本原因是冰岛银行自 20 世纪 90 年代以来的私有化进程。冰岛银行私有化后迅速转变为商业投资银行，在国内、国际资本市场，扩展银行融资、商业投资及炒作等高风险业务。此外，三大银行还进行盲目的海外并购，收购了欧洲多家公司的证券储蓄业务。一是危机中银行信贷资产质量下降。冰岛三大银行并没有像瑞银和汇丰银行那样投资美国次贷业务。但是次贷危机导致了全球范围的信用危机，引发了多米诺效应，将冰岛银行系统卷入其中。冰岛银行和它们的客户拥有高额海外投资，并以信贷形式购买了大量公司和资产，所以银行所持资产质量下降直接导致冰岛银行危机的发生。二是投资者对银行失去了信心。冰岛银行的储户很多来自英国和荷兰，且冰岛银行在两国境内设有分支机构。危机发生后，英国首相布朗曾公开表示，英国政府将对冰岛银行使用反恐法案，而且英国和荷兰政府纷纷冻结了冰岛银行在两国的金融资产。这些举措引发了冰岛银行投资者的恐慌情绪，并且这种恐慌情绪在冰岛银行的储户中不断蔓延，导致冰岛银行出现了大规模的挤兑，加速了银行系统的崩溃。

第五节 银行业国际化进程中加强金融安全的建议

由前述分析可知，在我国银行业对外开放过程中，外资银行作为资本流通渠道和市场竞争者进入，会给我国的宏观经济政策、金融市场、金融业务带来很大的影响，造成不可避免的冲击，甚至削弱我国对银行的金融控制权。同样，国内银行进行海外扩张和跨国并购时，也会受到东道国金融环境和政治国别等风险的影响。因此，要有效降低或避免这些潜在的或已存在的金融风险，我国政府和银行业需采取必要的应对措施。

一、对外资银行进入的政策建议

（一）转变对外资银行的监管重点

随着银行业市场的逐步开放，应将对外资银行的监管重点从准入监管转移到经营监管上来。首先，外资银行作为国际资本的流通渠道，影响我国货币政策、资产价格等，我国政府应采取必要的资本管制措施，这对维持我国货币政策的独立性有着重要作用。对外资银行资本外逃的行为加以严重处罚，如进行业务设限、巨额罚金等，增加其资本外逃的成本，以减少资本外逃数量，避免宏观经济和金融市场的剧烈波动。其次，规定外资银行的外币贷款利率和准备金率与国内银行挂钩或保持一致，减少货币政策的失效。最后，着重对外资银行股权变化进行监管，严格控制其对国有银行持股比例的限制，及时评估其作为战略投资者的作用，是否存在短期投机行为。避免外资银行对我国银行由参股到控股的转变，以及因股权变动带来的银行风险，危及金融安全。

（二）加强国内银行的风险管理

没有强大的核心竞争力和科学的风险管理机制，我国银行在面对国际化的竞争时可能会失去对银行业的控制权，这也是威胁我国金融安全的真正隐患。我国银行应利用外资参股对改善公司治理的积极作用，确定与业务发展和开放背景相协调的风险管理战略，建立先进、高效的内部风险管理制度。首先，在银行业市场开放的前提下，要严格按照监管当局和《新巴塞尔协议》的要求，确保资本充足率，转变经营思想，注重投入产出实际效益的衡量，建立科学的风险管理指标体系的考核力度，合理配置资源。其次，建立配套的风险报告制度、风险管理考评制度、风险限额管理制度、风险经理制度等，使银行的决策者和管理者在开放市场竞争中及时了解风险信息，评价风险水平，确定以后的风险管理措施，有效控制风险大小，并将风险责任落实到人。

（三）注重实体经济和金融发展的平衡

现阶段，金融危机前我国的实体经济持续高速增长，危机后增速虽减缓但发展前景仍然乐观。相对而言，经济金融基础比较脆弱，其中占主体地位的商业银行普遍缺乏良好的公司治理结构，银行资产质量低，不良债权仍很多，所以，我国银行业的对外开放应谨慎小心，循序渐进。既要建立健全我国商业银行的现代企业管理制度，改善资产质量，提高核心竞争力，完善金融市场，又要防范金融业的过度发展和繁荣，形成资产泡沫。目前我国大量的中小企业经营状况不佳，企业利润大都集中在大型国有企业中，其中商业银行的利润更是以每年百分之十几甚至百分之几十的速度增长。这说明我国在开放金融市场、促进金融繁荣的过程中应谨防金融发展凌驾于实体经济之上，甚至架空实体经济，重蹈冰岛银行破产的覆辙。

二、对我国银行跨国经营的政策建议

（一）选择恰当的投资东道国

我国商业银行在海外扩张时应首先进行海外战略定位，选择合适的投资目标国。例如，为满足集团货币清算的需要，进而形成专业优势和收益，则需要选择主要的国际货币清算中心，如纽约、法兰克福等；如果为开展高端客户私人银行业务及有关财务安排需要，则一些国际离岸中心、私人银行中心或兼具税务优惠和金融中心优势的国家和地区，如瑞士、新加坡、卢森堡和加勒比海地区是理想的投资地点。在进行海外并购时，理想的目标市场是亚太地区等金融业不饱和、发展潜力大的国家，而对欧美等市场较为成熟的目标应慎重对待，这样才能有效占领市场，拓展业务规模，增加国际影响力。

（二）合理利用东道国的金融生态环境

银行海外机构的管理运作与国内机构的管理运作有本质区别，两者在银行外部主要体现为市场环境、监管环境和人文环境，在银行内部则体现为企业文化、发展手段、授权机制和决策程序等方面。例如，欧盟区金融市场和金融监管的一体化正在逐步推进，接受开设分行申请的国家正逐渐按照监管银行子公司的标准来监管外资分行,而且欧盟作为一个统一的经济体,我国银行在扩张时只要拿到一个国家的子行牌照,就可以在欧盟其他国家享受同样的便利。所以,基于以上市场环境和监管法规的规定,我国银行在欧盟区扩展市场时应选择设立子公司作为最佳扩张路径,而非设立代表处或分行。此外,我国银行在进行跨国并购时,也应考虑到东道国当地的政治稳定性,时时监控当地宏观经济环境的稳定和经济波动的可能性,建立风险隔离机制,防止经济危机通过资本流通渠道传导至我国。

(三)审慎扩张和经营

我国商业银行在制定海外扩张战略时应实事求是,根据自身的发展阶段和发展战略制定相适应的国际化经营进程,不可盲目为了扩大规模而进行资本扩张。有些银行"走出去"是基于其他银行"走出去"的潮流,或国际化银行成功案例的诱惑,这是不可取的。错误地选择并购目标会造成海外发展的失败,甚至造成巨额亏损,影响本国母银行的正常经营。另外,我国银行在外国经营时应审慎经营,不可为追求业务规模的增加而选择资信差、风险高的客户。尤其在金融危机期间,要采取更严格的风险监管措施,将损失的可能性降到最低。

第五章　资本项目开放与金融安全

　　资本项目可兑换，是从国际收支的统计项目上来看的货币可兑换问题。资本项目可兑换是一国开放经济，融入全球化进程的一个非常关键的环节，它关系到一国长期的经济增长和经济稳定。如果资本可以在国与国之间自由流动，各国就可以进行资源互补，特别是发展中国家可以利用国际资本来推动本国经济的发展。

第一节　资本项目可兑换的内涵、收益与风险

一、资本项目可兑换的相关概念

我们通常所说的资本项目，也称资本账户。在1993年以前，国际收支的统计主要包括经常项目、资本项目、储备资产、误差与遗漏四个项目。1993年，国际货币基金组织（IMF）出版的《国际收支手册》（第五版）中，将国际收支平衡表中原来的资本项目改称为资本和金融项目。但是，在一般的理论研究与实务操作中，人们仍然习惯使用资本项目或资本账户来统称目前国际收支平衡表中的资本与金融项目。本书中我们也沿用这一习惯的称谓。

资本项目可兑换在学术讨论和实际应用中存在例如资本项目开放、资本项目自由化、资本项目完全自由兑换等含义相近的不同说法，本书中我们并不对它们进行区分。下面列出一些经济学研究者对资本项目可兑换给出的定义。

国际货币基金组织的研究员Peter J.Quirk（1995）在一篇IMF工作论文中，将资本项目可兑换定义为"对国际资本交易不进行跨国界的控制或者征收相应的税收或者实行补贴"。李金声（1997）认为"资本项目可兑换是指对取消资本流入、流出的汇兑限制"。管涛（2001）认为资本项目可兑换的定义是"避免对跨国界的资本交易及与之相关的支付和转移的限制，避免实行歧视性的货币安排，避免对跨国资本交易征税或补贴"。

赵庆明（2005）对资本项目可兑换的含义界定如下："居民和非居民为了实现资本项目下的投资或交易，能够按照由市场确定的唯一汇率，将持有的金融资产在本币与主要国际货币之间进行自由兑换。"

资本项目可兑换，是从国际收支的统计项目上来看的货币可兑换问题。综合上述的那些定义，我们可以把资本项目可兑换理解为不对资本跨国的

交易和汇兑进行限制或采取增加交易和汇兑成本的措施。

二、资本项目可兑换的收益

资本项目可兑换是一国开放经济，融入全球化进程的一个非常关键的环节，它关系到一国长期的经济增长和经济稳定。通常认为资本的自由流动可以通过以下途径促进一国的经济发展：

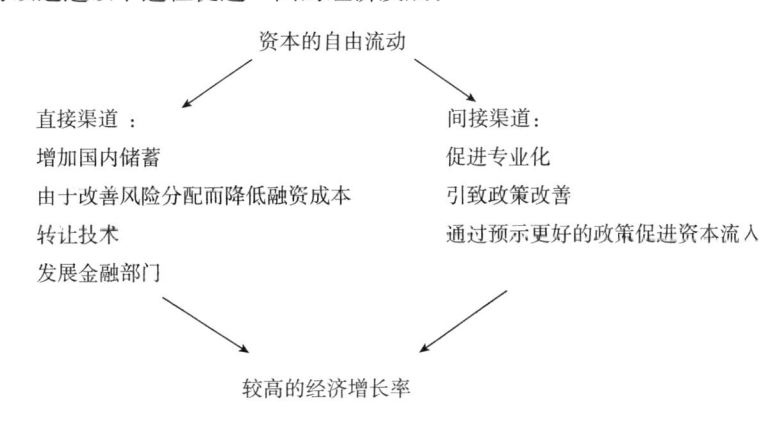

```
                    资本的自由流动
                   ↙            ↘
         直接渠道：              间接渠道：
         增加国内储蓄             促进专业化
         由于改善风险分配而降低融资成本  引致政策改善
         转让技术                 通过预示更好的政策促进资本流入
         发展金融部门
                   ↘            ↙
                   较高的经济增长率
```

图5-1 资本自由流动促进经济增长的渠道

（一）促进资本流入，进而拉动经济增长

如果资本可以在国与国之间自由流动，各国就可以进行资源互补，特别是发展中国家可以利用国际资本来推动本国经济的发展。因此，资本项目开放的结果是使得资本从资本充裕的发达国家流向资本贫乏的发展中国家，这就有助于发展中国家引进外资，降低投资成本，促进本国的经济发展。另外，伴随着资本的流入，作为国外直接投资（FDI）主要形式的跨国公司会带来先进的生产技术和管理经验，从而有利于提高国内生产效率，促进经济增长。

（二）引入国际竞争，促进金融深化

开放资本项目后，在微观层面，国内的金融机构会面临来自国际同业的竞争压力，迫使它们提高自身的服务水平和工作效率，促进金融服务的专业化和现代化；在宏观层面，资本项目可兑换也是本国金融体系改革的重要契机，资本项目开放将降低资本管制成本，有助于形成完善、有效的金融监管体系，有效防范本国金融风险。

（三）分散风险

根据现代的投资组合理论，投资者应当多样化自己的资产组合以实现整体风险的降低。资本项目可兑换之后，企业和居民可以在全球范围内选择不同地区、不同币种、不同期限地配置自己的资产，降低内外部风险的冲击，保持收入和财富的稳定性，享受国际高增长市场的经济利益。

（四）约束政府行为，发挥经济的自律作用

一国政府政策的失误会降低国外投资者对本国经济的预期，导致资本的外逃，这样又会恶化本国的经济形势，导致金融危机和经济危机。这就会对一国政府的行为产生约束力，政府必须执行稳健而有效的经济政策，避免政策失误和短期行为，维持国外投资者的信心，减少资本的大规模流出。

三、资本项目可兑换的风险

资本项目可兑换的实现通常也伴随着种种风险因素，一国在获得相关收益的同时也必须承担这些风险。而且从实践经验上来看，资本项目开放过程中，发展中国家通常要面临比发达国家更大的风险，很多国家都发生了金融危机，甚至引发社会的动荡。

（一）降低国内金融体系的稳定性

资本项目可兑换之后，国内金融业面临着严峻的竞争，会倾向于从事高风险、高收益的投融资活动。金融衍生工具的应用和其他复杂的金融交易，会加剧风险因素的积累。相对于封闭的市场环境，资本项目开放之后，国内的金融机构将会越来越多地参与跨境资本交易，不同币种、不同国别的交易条件使得跨境资本交易的市场风险、信用风险、汇率风险以及流动性风险等变得日趋复杂,这可能大大超出了国内金融机构管理风险的能力,加大了国内金融体系的不稳定性。同时,也对一国的金融监管提出了更高的新要求。

(二)加剧宏观经济波动

资本项目开放之后,资本可以更加自由地跨境流动。国际投机资本容易导致国际收支危机和汇率波动,对一国的经济稳定和经济安全产生影响。投机资本往往由机构投资者操纵,攻击一国的证券市场和外汇市场,而实现冲击的基本前提就是东道国资本项目可兑换。资本项目开放导致的宏观经济波动在发展中国家显得更加突出。

(三)国内货币政策独立性与固定汇率选择的难题

美国经济学家保罗·克鲁格曼使用了一个三角形来说明一个开放经济体在金融政策目标的选择上存在的难题:一个国家的金融政策有三个基本目标,本国货币政策的独立性、汇率的稳定性和资本的自由流动,而这三个目标只能选择其二,却不可能同时实现。这就是著名的克鲁格曼三角形理论。

图5-2 克鲁格曼三角形

根据这一理论,一国的金融政策只能选择三角形的一边,而该条边所对的角所代表的政策目标就不会实现。资本项目开放后,意味着资本可以跨境自由地流动。如果想维持货币政策的独立性,就不得不放弃固定汇率制度。目前从各国宏观经济管理的实践来看,还没有国家能突破这个三角形的约束。

第二节 短期资本流动与金融安全

一、短期资本流动的相关概念

资本项目可兑换最直接的结果，就是资本可以更加自由地跨境流动。当一国居民向另一国居民购买了某种资产（包括商品、服务、技术等）的所有权或是发生借贷行为时，就会产生资本的跨国移动。在国际收支平衡表中，国际资本流动的情况主要在"资本和金融项目"反映。

传统上的理论一般是将一年以内的国际资本流动定义为短期资本流动。但是，随着金融市场的发展和金融工具的不断创新，有些期限较长的投融资工具也会具有较高的流动性，而且那些期限多于一年但少于两年的资本流动，与上述定义界定的短期资本流动实际并无太大差别，因此也有不少学者主张依据投资者的动机来定义国际短期资本流动。如果投资者意图在短时间内改变或者扭转资本在国际间的流动方向，即使目前这一时刻尚未确定，但未来的恰当时机仍会如此，这样的资本流动即可以界定为国际短期资本流动。

二、当前国际短期资本流动的特点

由于在近些年新兴市场经济体发生的金融危机中，总能看到短期资本大规模流动的身影，使得人们日益重视对国际短期资本流动的研究。在全球经济增长和流动性泛滥的背景下，国际短期资本的流动呈现出一些新的特点。

首先，短期资本流动规模持续增长，且波动幅度加剧。根据 IMF 的统计数据，从绝对数量上看，从 1992 年到 2005 年，全球的国际直接投资总量从 727 亿美元上升到 8111 亿美元，证券组合投资从 1700 亿美元上升到 21751 亿美元，其他类国际资本（包括国际辛迪加银行贷款）从 2533

亿美元上升到 22348 亿美元。其中，证券组合投资与国际辛迪加银行贷款构成国际短期资本流动。

另外，在历次金融危机的前后，国际短期资本流动的波动幅度远远大于直接投资的波动幅度，90 年代的几次金融危机都证明了这一点。

其次，金融衍生工具在短期资本流动中大量应用。通过金融衍生工具的杠杆效应，少量的资本金即可支配数倍于自身的资金量进行投机操作。金融衍生产品交易的迅速增长，极大地促进了国际短期资本流动在全球的扩张，其中增长最快的是带有短期避险和投机性质的金融衍生工具。

再次，机构投资者地位上升。在全球资本流动的浪潮中，机构投资者的低位迅速上升。目前，机构投资者主要包括各类金融机构，如养老基金、保险公司、共同基金、信托基金以及从事证券投资的商业银行、投资银行等。另外，新兴市场经济体的主权财富基金，也是机构投资者中的重要力量。机构投资者在金融市场上的活动也日趋国际化和多样化，它们的资金规模庞大，管理人员具有丰富的经验和专业知识，交易技术先进，给世界各国的金融市场带来了深远的影响。

最后，国际投机资本的迅速崛起。国际投机资本是短期资本流动中所占比重最高的一种类型，通常还被称为"游资""热钱"，特指那些没有固定投资领域、期限较短、以追逐高额短期利润而在各个金融市场之间移动的资本。根据 20 世纪 90 年代后期国际货币基金组织的估计，活跃在全球金融市场上的国际投机资本规模已经超过了 7.2 万亿美元，每天有近 2 万亿美元的投机资本在游走中寻找预期收益最高的归宿，相当于跨国实物贸易所需的相应流动的资本金额的几百倍。在 20 世纪 90 年代的几次重大国际金融危机中，国际投机资本都起到了推波助澜的作用。

三、短期资本流动对金融安全的影响

在各国资本项目开放的条件下，国际短期资本可以充分发挥高流动性

和投机性的特点,在全球寻找最佳的投资机会。然而,短期资本流动受市场预期、随机事件冲击等偶然性因素的影响较大,即使是毫无事实依据的谣言或预测,也会使国际短期资本加速外逃,从而严重威胁一国的金融稳定,图5-3显示了短期资本流动对一国金融安全的影响:

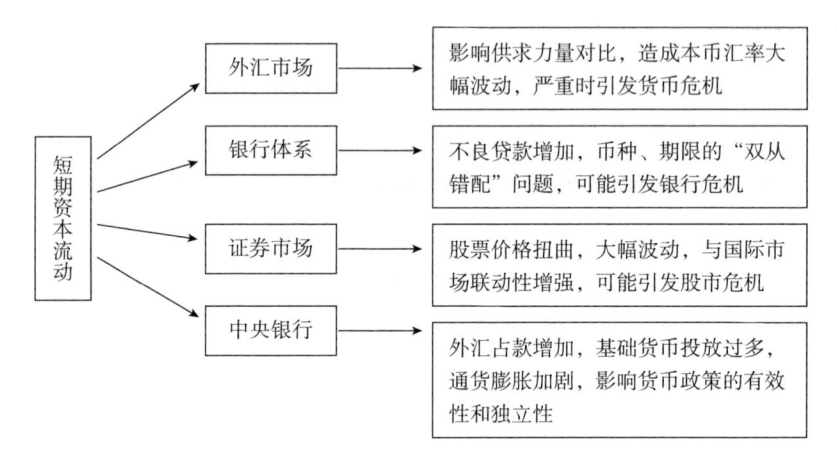

```
                    ┌─ 外汇市场 ──→ 影响供求力量对比,造成本币汇率大
                    │              幅波动,严重时引发货币危机
短期                │
资本 ───────────────┼─ 银行体系 ──→ 不良贷款增加,币种、期限的"双从
流动                │              错配"问题,可能引发银行危机
                    │
                    ├─ 证券市场 ──→ 股票价格扭曲,大幅波动,与国际市
                    │              场联动性增强,可能引发股市危机
                    │
                    └─ 中央银行 ──→ 外汇占款增加,基础货币投放过多,
                                   通货膨胀加剧,影响货币政策的有效
                                   性和独立性
```

图5-3 短期资本流动对金融安全的影响

(一)短期资本流动与货币危机

广义的货币危机,是指汇率变动在短期内超过一定幅度的情况。一般认为,货币危机是与固定汇率或者对汇率波动采取某种限制的汇率制度相联系,在这种制度下,汇率难以根据国内经济形势的变化而进行及时的调整。国际短期资本大量流入后,会在外汇市场上直接影响供求力量对比,给本币带来巨大的升值压力。一旦经济形势出现逆转倾向,国际投机资本就会抓住这样的机会,在外汇市场上大量抛售本币,使本币面临巨大的贬值压力,此时政府或者货币当局会选择大幅提高国内利率来捍卫本币币值,或者动用大量的国际储备在外汇市场上买入本币以减轻本币贬值压力。这可能会导致中央银行的外汇储备耗尽。当政府或者货币当局无力或不愿进一步干预时,本币将会出现更大幅度的贬值。货币危机会给一国的实体经济带来严重伤害,如失业率升高、大批企业倒闭、通货膨胀严重、经济增

幅放缓甚至负增长等。

（二）短期资本流动与银行危机

银行危机也是金融危机的主要表现形式之一，是指大量银行机构的资产负债表恶化，出现了银行负债超过了资产市值的情况，从而导致挤兑、资产重组和政府对系统重要性银行提供大规模援助的危机事件。资本项目开放之后，国际短期资本的大量流入，使得国内银行业将面临新的冲击。从资产方来看，国际短期资本以直接或者间接的方式进入银行体系，会扩大银行的可贷资金量，银行以往的信贷决策机制和风险控制能力可能难以适应新的信贷扩张，可能出现贷款给信用等级较低的借款人的现象，导致投资流向高风险的证券市场和房地产市场，从而使资产的不良率上升。从负债方面，如果出现与资产方货币和期限的"双重错配"现象，一旦国际短期资本流动出现逆转，短期资本大量流出，会导致银行体系的流动性骤然紧张，面临大规模挤兑的风险。如果挤兑发生，将是一国银行业的灾难。

（三）短期资本流动对证券市场的影响

国外投资者对东道国的上市公司了解有限，或者是出于流动性的考虑，在实际操作过程中会有一些股票被他们排除在投资组合之外，这就可能造成证券价格的扭曲，进而影响资本配置的效率。共同基金是国际短期资本进入发展中国家证券市场的主要途径，新兴市场的预期收益很高，但市场的波动也很大，一旦这些国家的股票指数有了些许下降，都可能导致国外投资者对共同基金投资于新兴市场的信心下降，进而要求赎回基金份额，基金管理者就不得不出售部分金融资产，这样会导致股票价格的进一步下跌。另外，国际机构投资者一般都偏好于快进快出的策略，其运作的庞大资金规模对发展中国家证券市场的影响力不容忽视。短期资本的自由流动也将国际证券市场的波动传导到国内，国外投资者会根据国际市场的行情和预期变动调整配置在新兴市场的资金头寸，这必然引起一国股票市场价格的大幅波动。

（四）短期资本流动与货币政策有效性

大规模的国际短期资本流入会严重影响一国货币政策的有效性。有效的货币政策是以合理的预测和控制货币供应量为前提的。国际短期资本的大规模流动,首先会作用于一国的国际收支,引起外汇储备的增减,为了避免本币汇率的大幅波动,货币当局通常会在外汇市场上买进或者卖出外汇,于是一国的基础货币供给将被动地受制于外汇储备的增减。这种情况无疑增加了一国货币当局预测和调控货币供应量的难度,也会加剧国内的通货膨胀。实践中各国央行通常采取冲销性操作,通过购买或者出售政府债券等国内资产来抵消因干预汇率而回笼或投放的基础货币,以维持国内货币供应量不变。但是,这样的冲销操作通常要求国内存在发达的短期国债市场,并且是要付出较大成本的。另外,通过紧缩国内信贷的方式也可以冲销因外汇储备增加而增长的货币供应量,但是在降低了国内需求的同时,也会提高货币市场的利率,吸引更多的国际短期资本流动,最终还是会导致外汇储备增加,货币供应量增长,增加通货膨胀的压力,大大降低货币政策的有效性和独立性。

四、国际投机资本与金融危机——以亚洲金融危机为例

在80至90年代,东南亚国家经济快速增长,创造了举世瞩目的"亚洲经济奇迹"。但随之而来的一场灾难性的金融危机,让东南亚各国经济陷入了深重的灾难。对于这次金融危机爆发的原因,学术界所达成的基本共识是:危机发生国在经济高速增长过程中积累的问题集中爆发是金融危机发生的内部因素,而国际投机资本蓄谋已久的投机操作,是此次危机发生的直接原因和外部因素。本节我们重点从短期资本流动的角度,总结资本项目开放对东南亚各国金融安全的影响。

(一)国际投机资本流入东南亚的前提

1. 资本项目可兑换

危机发生之前,东南亚各国基本上都实现了资本项目的可兑换,这就为国际投机资本的进出提供了合法而有效的条件。早在20世纪60年

代中期，新加坡和香港地区就开始放松资本管制，建立了比较自由的资本项目管理体制。1970年，印度尼西亚在维持经常项目的汇兑限制情况下，先行实现了本国资本项目的可兑换。泰国在1984年启动了资本项目可兑换的改革进程。20世纪90年代之后，其他的东亚和东南亚的一些国家纷纷加快了资本项目可兑换的进程。资本项目开放的直接结果就是资本自由流动。由于东南亚地区经济增长势头强劲，吸引了大量国际短期资本流入。从表5-1可以看出，[1]受危机影响最严重的五个国家（泰国、印度尼西亚、韩国、马来西亚和菲律宾）在1994~1996年间，外部流入的国际资本增长了将近一倍，到1996年已达约930亿美元，其中大部分是以证券投资和国际银行贷款方式流入的。金融危机发生后，国际资本大量流出，私人资本的流入净额由正转负，其中证券投资和国际银行贷款的流出也是最快的。

表5-1 受东南亚金融危机影响最严重的亚洲五国外部融资情况

单位：10亿美元

	1994年	1995年	1996年	1997年	1998年
外部融资（净额）	47.4	80.9	92.8	15.2	15.2
私人资本流入（净额）	40.5	77.4	93.0	−12.1	−9.4
股权投资	12.2	15.5	19.1	−4.5	7.9
直接投资	4.7	4.9	7.0	7.2	9.8
证券投资	7.6	10.6	12.1	−11.6	−1.9
私人贷款	28.2	61.8	74.0	−7.6	−17.3
商业银行	24.0	49.5	55.5	−21.3	14.1
非银行金融机构	4.2	12.4	18.4	13.7	−3.2
官方资本流入（净额）	7.0	3.6	−0.2	27.2	24.6

[1] 黄朝文：《东亚金融危机与国际资本流动关系研究》，硕士学位论文，天津财经学院，2000年，正文第2页。

2. 开放的金融市场

由于较早地在国内进行金融改革，东南亚各国的金融市场规模增长很快，金融工具多样，开放程度也很高。特别是为了吸引外资，打造金融中心，泰国于1992年取消了保护资本市场的管制措施，成立了曼谷国际银行，并且很大程度开放了股票市场、债券市场、房地产市场和银行间借贷市场，导致了大量短期投机资本的流入，使得国内的外债规模激增。借助于发达、开放的金融市场，国际投机资本可以方便地进行大规模的融资活动，也可以充分利用多种多样的衍生金融工具进行投机和避险，打击一国的本币汇率。

（二）东南亚各国经济自身出现的问题

1. 投资的规模膨胀、结构失衡，经济出现泡沫

东南亚各国在危机发生前的几年里都出现了房地产市场和股票市场的过度繁荣，投资规模的过度膨胀以及投资结构的不合理催生了经济泡沫。大量的短期的证券投资和国际银行贷款流向了房地产市场和证券市场，使得股市和房市持续高涨。经济中的大量资源被投放到房地产领域，而真正能支持国内经济持续增长的高科技产业和制造业，却因缺乏投入得不到发展。以泰国为例，当时泰国引进外资的30%被投到了房地产，借入的外债中50%也被投向房地产领域。国内金融机构的贷款中，房地产业也占了相当大的比重。1996年时，泰国金融业贷给房地产业的资金总额占到了总贷款额的50%。纵观世界各国历史，还没有哪个国家可以依靠盖房子而实现长期的经济发展，这样的经济泡沫迟早会破灭。

2. 国际收支失衡，经常项目逆差，外债规模过大

受危机影响最大的东南亚四国，其实在危机爆发之前，国际收支状况就不容乐观，但并未引起各国足够的重视。这就给国际投机资本提供可乘之机。各国的经常项目持续逆差，并且有增大的趋势，从1995年开始，受出口形势恶化影响，经常项目逆差进一步加剧。具体情况如表5-2所示：[1]

---

[1] 叶伟春：《国民经济安全研究——资本账户开放与金融安全》，上海财经大学出版社，2011年版，第138页。

表5-2 1991~1997年东南亚国家经常项目逆差及占GDP的比重

	1991年	1992年	1993年	1994年	1995年	1996年	1997年
印度尼西亚（亿美元）	−46.24	−31.57	−23.58	−31.90	−72.34	−72.71	−21.63
占GDP比重（％）	−3.32	−2.00	−1.33	−1.58	−3.18	−3.37	−2.27
马来西亚（亿美元）	−50.36	−24.51	−33.30	−53.91	−98.13	−44.32	−42.77
占GDP比重（％）	−8.51	−3.66	−4.47	−6.07	−9.73	−4.42	−5.93
菲律宾（亿美元）	−12.06	−10.26	−35.55	−34.12	−22.13	−39.29	−34.44
占GDP比重（％）	−2.28	−1.89	−5.55	−4.60	−2.67	−4.77	−5.28
泰国（亿美元）	−85.90	−70.70	−73.57	−93.93	−146.67	−122.01	−22.40
占GDP比重（％）	−7.71	−5.66	−5.09	−5.59	−8.07	−8.09	−2.00

从表5-2可以看出，在1995年的时候，马来西亚经常项目逆差占国内生产总值的比重已经高达9.73％，泰国也高达8.07％，远远超过了国际上公认的5％的安全线。1996年时，东南亚四国的经常项目逆差占GDP的比重，也都接近或超过了5％。

另外，大量的国际短期资本流入这些国家，使得对外债务中短期外债所占的比率明显偏高，而同时期东南亚各国政府的外汇储备严重不足（见表5-3），[1]除马来西亚外，印尼、菲律宾和泰国的短期债务占外汇储备之比，均超过了100％，短期偿付能力严重不足，埋下了流动性危机的隐患。

表5-3 1997年东南亚国家短期债务与外汇储备

	短期债务（亿美元）	外汇储备（亿美元）	短期债务占外汇储备之比（％）
印度尼西亚	342.5	165.87	206.49
马来西亚	111.8	207.88	53.78
菲律宾	77.4	72.66	106.52
泰国	455.7	261.79	174.07

---

[1] 叶伟春：《国民经济安全研究——资本账户开放与金融安全》，上海财经大学出版社，2011年版，第138页。

3.盯住美元的汇率制度

东南亚地区各国汇率制度的缺陷也为国际投机资本提供了可乘之机。根据 IMF 在 1997 年对金融危机发生国采用的汇率制度的一项研究，在 1975~1996 年间发生的 117 次危机中，汇率共有 63 次，占到 53.8%。在 20 世纪 90 年代，东南亚各国普遍采用了盯住美元的汇率制度，其货币价值受美元价值的波动影响极大。从 1995 年开始，美元在国际金融市场上开始升值，由此导致了东南亚各国的货币被动升值，货币价值逐渐偏离本国的经济基本面，出现被普遍高估的现象。这样的汇率制度导致本币汇率不能灵活地上下波动，以抵消国际投机资本的冲击。由于缺乏足够的外汇储备以维持本币币值，面对国际游资的冲击，东南亚各国陆续放弃了固定的汇率制度，被迫实行浮动汇率制，本币大幅贬值。

4.金融监管水平落后

东南亚国家在 80 年代初为引进外资而进行的金融自由化改革，对提高金融资源的配置效率和促进经济增长，起了重要作用。但是各国对金融自由化潜在的不稳定因素缺乏足够的认识，对国际投机资本也缺乏足够的警惕，使得封闭条件下形成金融体系建设和金融监管制度，也难以适应日益开放的金融市场。由于监管当局放松了信贷政策和外资流入方面的约束，商业银行出于自身赢利与竞争的考虑，不断扩大信贷规模，并涉足高风险的房地产市场和股票市场，积累了大量不稳定因素。另外，东南亚国家特有的亲缘政治，使得一些与政府关系紧密的银行和非金融企业享受着隐性的政府担保这一特权，这种特殊关系的存在导致了东南亚国家私人部门的信贷急速扩张，超过了各国的宏观监控和管理能力。

第三节　资本项目开放过程的国际经验借鉴

由于各国的经济发展水平不同、制度环境不同以及开放资本项目所面临的国际环境不同，所以各国的资本项目开放历程存在着较大的差异，但是我们可以总结一些共性的经验和教训，为我国所借鉴。

一、资本项目的渐进式开放

从各国开放资本项目的实践来看，大部分国家都选择了循序渐进的做法。例如，日本和欧洲大部分国家是在20世纪70年代开始加速本国资本项目可兑换进程，到90年代中期才基本完成。成功实现资本项目开放的发展中国家几乎全部是采用了渐进式的模式，这方面最典型的例子是智利。智利在1973年到1984年对资本项目实行较为激进的开放，由于国内经济条件的不成熟和国际经济环境的波动，很快在1982年发生金融危机时中止。后续从1985年至今，智利政府一直推行谨慎的渐进的资本项目开放政策，其成功的政策设计和运作使得智利经济保持了良好的增长，并成功地经受了1995年墨西哥金融危机和1997年东南亚金融危机冲击。对于发展中国家来讲，人们普遍认为智利的渐进式开放资本项目的做法是值得借鉴和学习的。

二、资本项目开放的顺序安排

根据各国比较成功的经验来看，资本项目开放应当遵循如下顺序：先放开长期资本流动，再放开短期资本流动；在长期资本范围内，先放开直接投资，再放开证券投资和其他投资；在证券投资范围内，先放开债券投资，再放开股票投资；在所有形式的资本流动中，先放开资本流入，再放开资本流出。亚洲金融危机在这方面为各国提供了深刻的教训。以韩国为例，面对大量国际资本的涌入，韩国政府放松了对短期外债借入的管制，却保留了对中、长期债务的管制，导致短期外债规模急剧扩张，资本流入的持续性和稳定性都受到影响，当国内经济形势有所恶化时，大量短期资本外逃，促成了韩国国内危机的爆发和加剧。

三、资本项目开放与浮动汇率制

根据克鲁格曼三角形理论,一国只能选择固定的汇率、自由流动的资本和独立的货币政策这三项中的两项。推进资本项目可兑换意味着选择了资本的自由流动,如果还要坚持独立的货币政策,就必须放弃固定汇率制度。在东南亚金融危机过程中,已经开放资本项目的各国均试图通过维护汇率的稳定来打击投机资本,最终都宣告失败,不得不改为浮动汇率制。在浮动汇率制度下,短期投机资本流动所面临的汇率风险大大增加,投机者不得不谨慎考虑资本的流向,这对打击投机资本、稳定金融市场有着积极的意义。资本项目开放成功的国家,基本上是在浮动汇率的条件下取得了成功。

四、资本项目开放与国内金融改革

国内的金融改革有利于一国在资本项目开放过程中规避金融危机的发生。完善的金融体系应当包括现代化的金融机构、成熟的资本市场、市场化的利率、间接的货币政策调控、健全的金融监管等方面。智利政府在开放资本项目之前,就进行了一系列的金融体系改革措施,对加强金融监管、规范银行的业务范围、中央银行的职责以及利率市场化等做出了很多新的规定和安排。在金融领域大刀阔斧的改革,使得智利国内金融体系日益健全,金融机构的经营也日趋稳健,为资本项目的开放作好了充足的准备。以成熟的国内金融体系去迎接资本项目开放,有效维护了国内的金融稳定。

随着经济全球化和金融自由化的进一步加深,全球资本流动的规模和结构都发生了深刻的变换,我国在未来开放资本项目的进程中将面临更多的不确定性,稍有不慎就可能带来巨大的损失。上述介绍的各国资本项目开放过程中的经验和教训,应当可以为我们提供一些有益的帮助。

第四节 我国的资本项目开放与金融安全

一、我国的资本项目管理现状

中国的资本项目管理，是伴随着我国的外汇管理体制的改革而不断变化的。改革开放之后，经历了30多年的不断发展，目前我国已经实现了经常项目可兑换和资本项目的部分可兑换。

改革开放之前，在"既无内债，也无外债"方针的指导下，我国基本上不存在跨境资本的运动。1979年由国家统一借贷的第一笔国际商业贷款正式签约，标志着我国利用外资工作的开始，也拉开了人民币可兑换进程的序幕。随着改革开放的逐渐深入，人民币可兑换程度不断加深。1996年12月，中国宣布接受《基金协定》第八条款，承诺不对与经常性国际交易有关的对外支付和转移实行汇兑限制，实现人民币经常项目可兑换。

本来在经常项目可兑换的基础上，中国计划在5年后实现人民币资本项目下可兑换。但是，由于亚洲金融危机的爆发，政府放慢了资本项目开放的步伐。2001年中国加入世界贸易组织，为了适应金融服务贸易自由化的要求，中国开始稳步推进资本项目可兑换进程。特别是为缓解人民币日益增大的升值压力，中国开始放松了对资本流出的限制。2002年开始试行合格境外机构投资者（QFII）制度，2004年试行合格境内机构投资者（QDII）制度。截至2012年1月20日，共有117家获得QFII资格的外资机构获得国家外汇管理局共计222.40亿美元的投资额度，96家获得QDII的境内机构获得国家外汇管理局共计749.47亿美元的投资额度。[1]2007年10月，胡锦涛总书记在中共十七大报告中提出将完善人民币汇率形成机制，逐步实现资本项目可兑换。2010年底，资本项目可兑换的目标被纳入国家"十二五"规划。

---

[1] 中国人民银行调查统计司课题组：《我国加快资本账户开放条件基本成熟》，2012年2月27日。

按照国际货币基金组织2011年《汇兑安排与汇兑限制年报》，目前我国资本项目下各子项"不可兑换项目有4项，占比10%，主要是非居民参与国内货币市场、基金信托市场以及买卖衍生工具。部分可兑换项目有22项，占比55%，主要集中在债券市场交易、股票市场交易、房地产交易和个人资本交易四大类。基本可兑换项目14项，主要集中在信贷工具交易、直接投资、直接投资清盘等方面"。总体来看，目前我国资本管制程度仍较高，与资本项目开放还有较大距离。

二、我国资本项目可兑换与金融安全的热点问题

国内目前在是否应当尽快实现资本项目开放的问题讨论上，焦点还是在于资本项目开放后，会对我国的经济和金融安全产生何种影响。在前文中，我们已经对在资本项目可兑换后可能带来的收益和风险进行了叙述，并在"短期资本流动与金融安全"一节中，对资本项目开放后，短期资本的大规模跨境流动将如何影响一国的金融安全进行了详细的分析。因此本节我们将结合中国开放资本项目的实际情况，讨论一些关系我国金融安全的重点问题。

（一）我国的资本外逃与"热钱"流入问题

我国的资本外逃与"热钱"流入现象，从流出与流入两个方面说明了当前我国资本管制有效性在逐渐下降。表5-4显示了1993年至2000年我国国际收支平衡表中误差和遗漏项的情况。[1] 从表中可以看出，20世纪90年代每年都有大量资本外逃，当然这只是外汇管理局的官方统计，不同的学者和机构都对我国的资本外逃数量进行过测算，所得结果不尽相同，但都是远远大于官方的统计数量。鉴于东南亚金融危机的教训，许多人担忧开放资本项目后，可能会出现大量资本外逃，危害我国宏观经济的平稳运行。

---

[1] 中国国家外汇管理局：历年《中国国际收支平衡表》。

表5-4 我国国际收支平衡表中误差与遗漏项目

单位：亿美元

年份	误差和遗漏
1993	-98
1994	-98
1995	-178
1996	-155
1997	-223
1998	-187
1999	-178
2000	-119

但是，开放资本项目真的会使资本外逃愈演愈烈吗？在经济全球化和高度发达的互联网技术条件下，规避资本项目管制的手段很多，所以非法的资本外逃，也很难靠资本管制来约束。资本管制本身就是对自身经济缺乏信心的表现，担心经济形势不好而导致资本的流出；相反，开放资本项目反而表明一国对经济充满信心。根据我国目前良好的经济增长预期，开放资本项目后，理性的投资者应该不会选择大规模的撤离。

"热钱"的概念在前文已有介绍，在理论上一般定义为国际短期投机套利资金，但实践中难以准确掌握国际资本流动的真实动机和存续期限，因此在"热钱"规模测算上没有严格的定义和标准。近年来我国外汇储备的超常增长，增速远远大于贸易顺差、外商直接投资和外汇储备投资收益所作的贡献，这表明有大量境外资金绕过了外汇管制进入国内。截至2011年12月，我国的外汇储备已达31811亿美元。国家外汇管理局在2011年2月发布的《2010年中国跨境资金流动监测报告》中对2001年以来我国的"热钱"流入规模做出了测算，认为近十年来累计流入境内的"热钱"规模约为2890亿美元，具体的结果如表5-5所示。[1] 其他一些学者和机构对"热钱"规模的测算，都远远大于官方的结果。结合近期国际上屡有投机资本发出看空中国经济的声音，"热钱"流入的问题不得不引起

---

[1] 中国国家外汇管理局：《2010年中国跨境资金流动监测报告》。

我们的警惕。虽然对于流入我国"热钱"的规模，官方统计和学者的研究存在较大差异，但是相当规模的"热钱"流入国内，并对我国的宏观经济稳定和货币政策的独立性造成了不良影响已是不争的事实。但是，因为"热钱"问题而导致资本项目开放进程的停滞是不明智的。"热钱"的流入是临时性的，可以实施临时性的监管措施，国际上也有很多办法来应对"热钱"流入，如引入"托宾税"和其他对冲工具，不宜使用长期的资本管制来应付"热钱"这样的临时性冲击。

表5-5　2001~2010年我国"热钱"流动净额估算

单位：亿美元

	外贸顺差①	直接投资净流②	境外投资收益③	境外上市融资④	前四项合计⑤=①+②+③+④	外汇储备增量⑥	"热钱"流动净额⑦=⑥-⑤
2001年	225	398	91	9	723	466	-257
2002年	304	500	77	23	905	742	-163
2003年	255	507	148	65	974	1377	403
2004年	321	551	185	78	1136	1904	768
2005年	1021	481	365	206	2063	2526	463
2006年	1775	454	503	394	3126	2853	-273
2007年	2643	499	762	127	4032	4609	577
2008年	2981	505	925	46	4457	4783	326
2009年	1957	422	994	157	3530	3821	291
2010年	1831	467	1289	354	3941	4696	755
合计	13313	4785	5330	1459	24887	27777	2890

（二）资本项目开放与我国的外汇储备

从2003年以后，我国的国际收支持续出现经常项目和资本项目的"双顺差"，外汇储备超速增长（见图5-4）。截至2011年底，[1]我国的外汇储备已达31811亿美元。

---

[1] 中国国家外汇管理局网站。

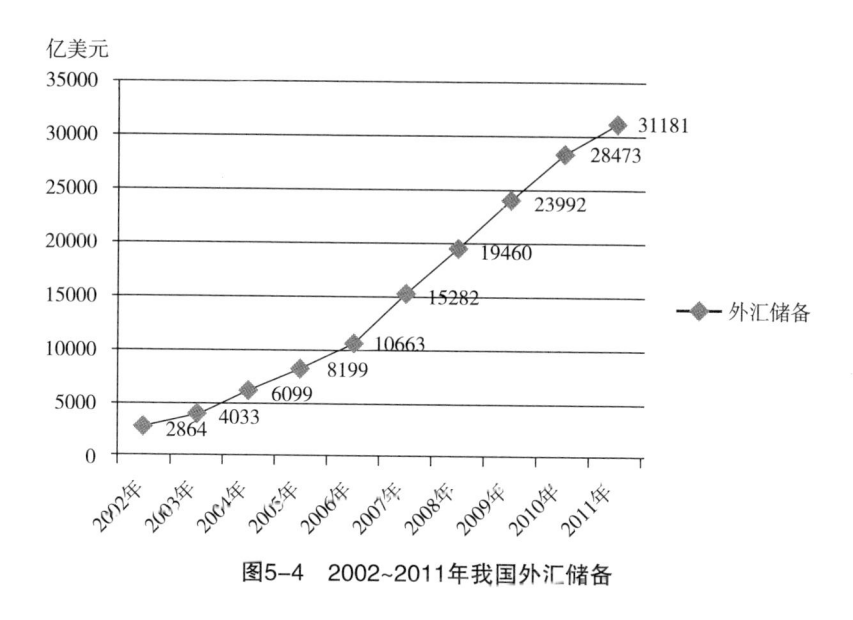

图5-4 2002~2011年我国外汇储备

如此巨大的外汇储备量,一方面提升了我国调节国际收支、稳定本币汇率、维护金融安全的能力,另一方面也带来了一些负面影响。例如,大量的国际资本流入国内,央行为了维持汇率稳定,不得不在外汇市场上买入外汇投放本币,这样就被动地增加了基础货币供应量,随之而来的便是通货膨胀风险。为了抵消外汇占款的不良影响,我国央行一是通过发行央行票据进行冲销操作,从市场上回笼人民币,但近年来,外汇储备超额增长,央行承担的冲销成本越来越高,冲销能力已经接近极限;二是通过紧缩信贷的方式回收流动性,这又会造成国内企业的资金运用紧张。另外,在美国经济不景气和美元贬值的背景下,我国巨额外汇储备的保值、增值问题也面临着巨大挑战。资本项目开放,对促进资本流出,保持外汇储备的适度规模,较少货币政策压力,维护我国的宏观经济稳定有着积极的意义。

(三)资本项目开放与我国银行体系稳定问题

从亚洲金融危机的经验来看,银行体系脆弱是引发危机的内在原因之一。当前,在我国的银行体系中,还存在着诸多问题。例如,央行的独立性有待进一步加强、银行业的监管水平有待提高、商业银行的风险管理水平与国际先进水平还存在很大差距。这些问题如果得到解决，将极大提高我国金融体系的稳定性。需要注意的是，金融机构和金融市场的稳定性，取决于国内的金融运行状况和监管水平，与是否实现资本项目可兑换并无直接关系。一些国家开放资本项目后出现了银行危机或金融危机，大多是国内经济发展过程中积累的金融不稳定因素在资本项目开放后集中爆发的结果，并不能直接归咎于开放了资本项目。

根据银监会的最新统计数据，截至2011年四季度，我国商业银行平均不良贷款率为1.0%，拨备覆盖率为278.1%，加权平均资本充足率为12.7%，加权核心资本充足率为10.2%，这些数据与90年代末相比发生了极大的改观，说明我国的银行体系已经具备稳健的基本条件，具有较强的抵御风险能力。当然，仅有这些还是不足以应对资本项目开放后的国际资本冲击，还需在资本项目开放进程中不断提高监管水平和银行机构的国际竞争能力，以维护我国的金融稳定。

（四）资本项目开放与我国金融改革问题

前文中我们总结了资本项目开放的国际经验，其中提到国内金融体系改革有助于资本项目可兑换的成功实现。事实上资本项目可兑换是我国金融改革进程和人民币国际化战略的关键一环。目前我国在金融机构方面和金融市场建设方面的改革基本完成，而接下来的利率市场化、汇率市场化和人民币完全可兑换这三件事情是金融改革的核心内容，但至今仍未取得实质性的突破。

照传统观点，开放资本项目应该放在金融自由化的最后一步，这样看来，利率和汇率的市场化应当先于我国资本项目开放。但是，如果国内金融改革缺乏内在动力，而某种程度上资本项目开放将有助于纠正国内金融市场上的价格扭曲和促进国内金融机构的成长，这时我们不得不重新审视传统观点。国内经济学者谢平就持这样的观点："利率先维持现体制，看资本项目可兑换后有什么变化，再研究对策，实际情况也许没这么复杂，而且国内可对利率采取灵活的管制措施和市场调控手段。"

这样看来，不妨就以资本项目可兑换作为我国金融改革的突破口。金融改革的成功，必将在长期中有助于维护我国的金融安全。

三、总结与建议

总之，在经济全球化和金融深化的大背景下，我国只有实现了资本项目可兑换，才可能真正地融入世界经济潮流，分享经济全球化所带来的收益。未来要明确资本项目开放在我国金融改革进程中的重要地位，采用渐进式开放的方式，逐步有序地开放我国资本项目下尚属严格限制状态的各个子项。针对资本项目开放进程中如何维护我国的金融安全，本文提出如下建议：

首先，稳步推进汇率制度改革，完善人民币的汇率形成机制，扩大人民币汇率的浮动区间。国际经验表明，相对固定的汇率制度更易受到国际投机资本的冲击，在开放资本项目过程中防范短期资本流动带来的风险，实行灵活的汇率制度，是一种成本低、效果好的方式。另外，在资本自由流动的条件下，浮动汇率制度有利于保持央行货币政策的独立性和有效性。在人民币汇率形成机制改革中，由于当前我国的金融体制还存在诸多未解决的问题，货币当局应当结合具体的经济、金融运行情况，决定人民币汇率的合理浮动，鼓励双向波动。

其次，加强金融监管，不断提升监管水平。正如前文中所述，金融监管对一国的金融安全至关重要，可以有效防范国际短期资本流动带来的风险。结合我国的具体情况，监管的重点应该在于银行体系和证券市场。一是要做到完善相关的立法，加快金融法律制度建设，为开放资本项目后的国内市场制定规则；二是要提高金融信息的透明度，完善金融机构的信息披露制度，力求准确及时地掌握国内金融机构的资产负债状况；三是要加强金融监管的覆盖范围，防止疏漏；四是要严厉打击腐败和内幕交易，确保金融监管的有效运行。

再次,加快利率市场化进程,扭转我国金融市场上的价格扭曲。当前我国金融机构之间的资金借贷利率,已经完全实现市场化,存贷款利率是金融机构对客户的零售利率,目前正处于市场化进程中。长期存在的利率管制使得我国市场上的利率并不是实际资金供给与需求作用的结果,扭曲的利率也造成了资金配置的低效率。资本项目开放之后,国际资本的流入流出将主要依靠国内的利率调节:利率水平上升,资本流入;利率水平下降,资本流出。利率的市场化有助于金融市场上资金配置效率的提高,可以有效调节资本流动,防范投机资本的冲击。

最后,对短期资本流动保持适当的临时管制措施。我国目前仍是发展中国家,在经济发展水平、金融市场的健全程度、银行体系的稳定性以及宏观经济管理能力等方面,和发达国家相比仍存在显著差距,这意味着在开放资本项目进程中不可避免地要承担比发达国家更多的成本。因此,在资本项目开放后,仍然可以再适当的时刻保留那些临时的资本管制措施,特别要注意对短期资本流动的监管。另外,资本项目开放并不意味着资本的流动完全不受限制,从实际来看,即使是已经开放资本项目的发达国家,也会对国际资本流动采取一些选择性的管理措施。我国应当借鉴这些做法,采取灵活的管制措施来应对国际资本的大规模异常流动。当然,这些措施是临时性的,一旦局势好转即可取消临时的资本管制。

第六章　金融信息化与金融安全

　　随着科技的进步、信息网络化的发展，金融业逐渐与信息技术结合，建立起全球范围的金融交易市场。金融全球化为国家内部、国家与国家之间建立起更为便捷的金融交易网络，金融资源得到充分的配置。但是同时我们也看到，在带来机遇的同时，金融信息化为世界各国的金融安全带来了前所未有的挑战，如何防范金融信息化所带来的金融安全隐患也成了世界范围的研究课题之一。

第一节　金融信息化的内涵

一、金融信息化的定义

金融信息化是在基本实现业务处理电子化和网络化的基础上，进一步利用计算机与通信技术，实现金融信息系统互联，信息资源整合，提供数字化的高效、安全、方便的金融服务、金融经营管理以及金融监管的系统工程。

金融信息化的目标是在网络环境下，创造金融经营和管理的新模式，有效提高金融服务和金融的创新能力，增强金融企业的核心竞争力。金融信息化是金融现代化的基础平台和核心推动力，为金融现代化提供了源源不断的动力。

二、信息技术与金融业结合的必然原因

相比传统的金融业，现代金融业是知识、信息密集型产业，在现代经济中处于核心地位，它配置着实体经济中最重要的资源——资本，推动着实体经济的发展。金融市场包括货币市场、资本市场等一系列市场，包含银行、证券、保险以及一系列金融产业，在保障商品交易和贸易顺利进行、促进经济发展、实施宏观调控、维护社会稳定、优化社会资源配置等方面起到了重要作用。正因为金融系统的庞大和复杂，金融业需要对大量金融信息进行处理以保证整个系统的稳定、顺畅运行。

金融信息的准确性、及时性、全面性决定了金融决策的成败。金融市场变幻莫测，影响因素千变万化，金融信息逐渐成为一项稀缺资源，能够有效而及时地得到这宗稀缺资源，成为金融机构成长发展的重要因素。只有掌握最及时、全面的一手准确信息，才能在金融市场的博弈之中胜出。

这也决定了金融产业与信息技术的必然结合。

三、信息技术对金融业的促进

信息技术对金融业的促进可谓是全方位、多角度的。以下从速度、广度、深度三个层次分别解释信息技术对于金融业的大力促进。

（一）信息化提高了金融行业的速度

近几十年来，金融业随着信息技术的发展而快速发展。金融服务范围、业务种类和业务量不断扩大，手工方式已很难及时完成大量的业务处理过程。信息技术中的数据库技术、中间件技术及网络技术迅速发展，为实现在短时间内完成大量的业务处理过程提供了有效信息，为识别、度量和控制风险提供了工具和手段。

近一个多世纪以来，全球经济贸易不断深化，经济全球化进程不断加深，这也促进了金融全球化，为实体经济的发展起到推波助澜的作用。在这其中，信息技术成为金融业拓展全球业务的基础。金融信息在全球范围内的采集、流通和传播，通过金融信息平台，金融机构可以从信息终端上获取全球的金融资讯、产品报价、证券报价等金融交易信息，大大节省了信息搜集时间和成本，为金融决策提供了丰富而及时的信息，为商品交易提供了可靠的平台。促进金融机构有效持续经营、化解风险，提高了经营管理和决策的速度。

（二）信息化拓宽了金融行业的广度

电子网络信息技术将世界联系在一起，网络信息平台的建设使得信息大量积聚，全球范围的沟通变得轻而易举。这也促进金融业拓展到全球范围。信息技术特别是数字化、网络化经营环境的构建，使得金融全球化成为可能。

电子网络使得信息在世界范围内流动，金融资源在全球范围配置成为可能。随着各个国家金融市场的开放，各个国家的金融市场逐渐趋于一体化，全球通过金融交易平台在同一市场上进行博弈。金融信息在各个市场之间流动，引导资本的重新配置，为资源、商品进行重新定价，外汇交易在全球市场上进行，直接影响本国的货币政策决策，这些都是金融信息化的完美体现。

当前，世界上规模最大的金融企业中一半以上都在全球各地开展业务。例如花旗集团的分行、子公司、附属机构、合资企业和办事处分散在全球100多个国家。高盛、摩根士丹利在全球资本市场成为主要的交易商、承销商和并购顾问，大宗商品期货市场已建立全球交易网络。金融市场不断的随着互联网络而扩展、延伸。信息化正改变着金融市场的全貌。

信息化完全改变了金融市场的运作方式，能否在全球市场上通过信息把握市场规律、预测市场前景、发掘市场机遇、控制市场风险，成为金融企业乃至国家金融机构的核心竞争力之一。

（三）信息化促进了金融行业的深度

信息化为金融行业的深度发展提供了保障，成为金融创新的主要领域。近几十年来，金融服务不断深化，在金融市场、金融工具、金融方式等方面屡屡创新。

信息化将金融市场的外延扩大到全球范围，金融企业经营地域不断扩大，交易数量和交易额度逐渐增加，这促进了新型金融工具的空前发展。70年代左右，金融市场出现期货、期权、互换等一系列避免和转移价格风险、信用风险的金融工具。80年代之后，越来越多的金融创新工具在上述创新基础上进一步衍生，如货币期货合约期权、股票指数合约期权、灾害保险期权、衍生头寸证券化、通胀指数化的长期国债等。在这些金融创新当中，约95%的金融创新的实现都基于信息技术，它们依靠金融信息平台而存在、交易。金融交易平台使得这些金融工具能够存在并有价值。它们的创造基于信息技术的大量新方法、新工具，全球化的金融平台帮助分析这些复杂金融产品的定价、风险，使得这些产品的交易成为可能。

第二节　我国金融信息化的发展

金融信息化在全球范围内不断发展，而我国的金融信息化也在如火如荼地进行。我国的金融信息化建设起步于20世纪80年代中期，经过近30年的发展，已基本形成了比较完善的基于信息技术的金融服务体系。金融组织体系不断完善，从软、硬件两方面都有了很大程度的发展。金融创新加快，金融产品日益丰富，我国的金融安全也在接受着前所未有的挑战。同时我国金融监管部门也在不断探索，在探索中逐步完善金融监管系统，监管能力也在不断提高。

一、硬件配套措施逐渐完善

近年来，我国金融信息化基础设施已达到了相当规模和水平。

银行业信息化已具规模，银行系统在全国范围内全面设立网络化信息终端，拥有大众型计算机、小型计算机、服务器、PC机、自动柜员机、销售终端（POS）等终端设施。金融机构经营网点全面实现了电子化。如图6-1所示，银行业已经建立起一套完善的信息化营运系统，除了传统的社区网点之外，商业银行基于信息化平台建立起了全方位多角度的电子银行体系。

90年代初，95%的营业网点就摆脱了手工作业方式，传统的存、取款，转账结算业务全部由计算机处理。目前，各银行以网络为基础，在本系统内，为客户提供跨行、跨地区的服务，服务品种不断增加。

银行的业务发展也分别从业务流程改进与业务自动化两方面向信息化推进。如图6-2所示，银行以信息系统为导向，将传统的顾问式营业方式与基于电子信息网络的自动化运营相结合，建立一整套信息网络。

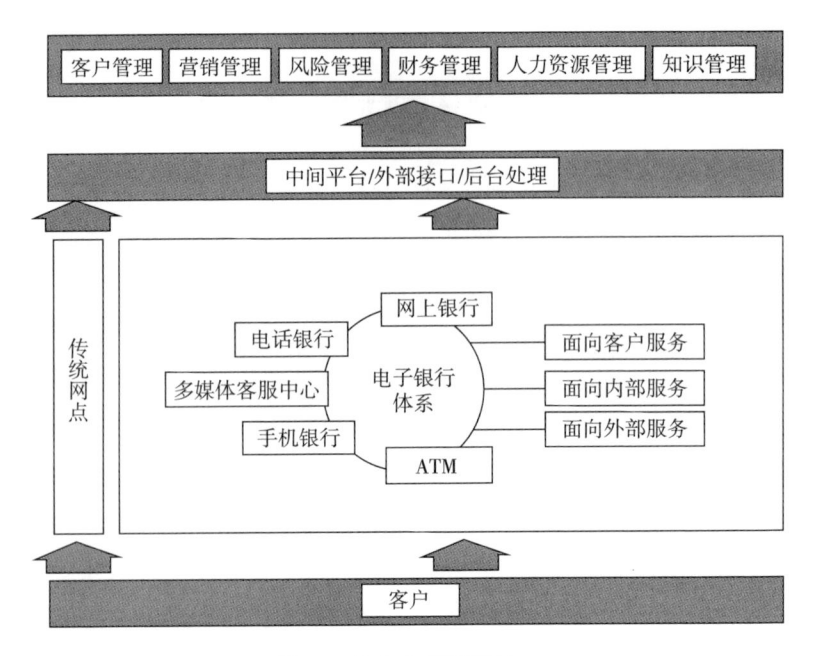

图6-1 信息化运营系统

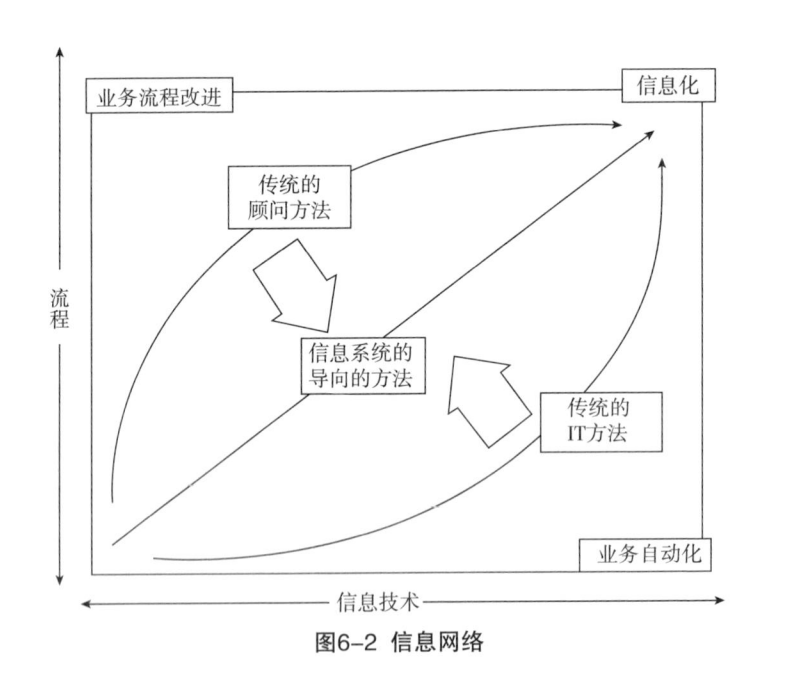

图6-2 信息网络

证券行业建立了高效、可靠的交易通信网络，上海、深圳证券交易所使用双向 VSAT 卫星网、高速单向卫星数据广播网，地面通信专网连接了全国约 3000 家证券营业部，100% 的经营机构实现了计算机网络化运营。为证券公司提供了委托、行情、咨询等信息传输频道，并基本实现了卫星网和地面网的互为备份。

保险行业在进入 21 世纪初，信息技术的年平均投入约为 11 亿元人民币，占年平均保费的 0.6%。[1]

在金融交易信息服务方面，我国自主研发的新华 08 金融信息交易网络逐渐建成。以中国为主导在全球范围提供金融交易信息服务，在全球范围内建立信息采集点，并设立多品类数据终端，实现我国金融交易信息平台的突破，同时也打破了西方金融交易服务的垄断格局。

二、电子交易网络逐渐形成

在国内范围，电子资金支付服务与资金清算服务日趋完善，这大大促进了金融交易的电子化、快捷化。我国商业银行通过银行卡系统、ATM 系统、电子结算和资金会对系统为客户提供支付结算服务，中国人民银行则通过电子清算系统和同城票据清分系统为商业银行提供跨行资金清算服务，全国范围金融结算网络逐渐形成。

从国际角度，我国金融市场通过电子网络平台与世界金融市场紧密相连。随着经济全球化的发展，中国经济已经成为全球经济的重要组成部分，中国经济与世界其他国家经济紧密相连。国家之间金融市场随着贸易的扩大、金融交易的增多，紧密程度越来越高。以信息技术为链条将各个国家金融市场紧密相连，如我国通过电子网络参与国际大宗商品市场买卖，国际间资源、商品交易，我国的企业在国外证券市场上市，在世界资本市场

---

[1] 中国金融信息化发展战略研究课题组：《中国金融信息化发展战略研究报告》，中国金融出版社，2006年版，第9页。

进行投融资，我国的投资者参与世界证券市场交易等，这些都是金融信息化所带给我们的便利。

国际交易市场的畅通能有效地帮助我国维护金融安全。我国的金融市场将面对的不只是单一对手，而是更多的交易者，市场趋于多元化，大大降低了金融交易的风险。

三、通过信息化网络实现政策调控

信息化在金融宏观调控和金融风险管理中同样发挥着重要作用。信息化建设为国家宏观调控和防范金融风险提供了工具。

以中国人民银行为例，现代化支付系统逐渐建立，安全、高效的支付体系对畅通货币政策传导、密切各金融市场联系、维护金融稳定、提高资源配置效率都具有十分重要的意义。中国人民银行通过快速的信息化支付系统、交易系统，将金融政策快速地传导到市场。

在金融监管层面，信息化也更及时、全面地反映了金融市场的问题，并能针对出现的问题做出及时的反应。只有金融监管畅通，才能更加有力地维护我国的金融安全。货币金融管理信息系统、公开市场操作系统、金融信贷监测管理信息系统等对中央银行货币政策的制定和实施提供了手段和科学依据，为调控经济、控制通货膨胀、维持人民币币值稳定发挥了重要作用。

四、逐步建立国家金融信息安全保障体系

在国内金融业内，我国初步建立了金融信息系统安全保障体系，加强了对信息系统安全保障工作。从系统安全、物理安全、反应安全、网络安全和管理安全多个角度对金融信息系统进行强化。

对于复杂的国际金融市场，我国通过建立自身的金融交易信息平台，实现对金融信息安全、国家金融权利的维护。金融市场以信息资讯为资源，

获得一手、翔实的信息资源决定了一国金融决策的高质量,多年来我国依赖外国金融信息服务机构所提供的金融信息,依赖外国公司提供的金融交易平台,信息经过加工处理,其真实性、客观性值得怀疑。此外,国外金融资讯公司具有广泛的信息传播能力,外国政府掌握这种资讯传播垄断,大量不实报道我国资讯,使我国在金融市场中处于劣势地位,从而为其背后的利益集团谋利,这严重地威胁了我国的金融安全。

随着我国经济地位的提高,我国在世界金融市场中的地位越发重要,我国迫切的需要在世界大舞台上发布自己的声音,打破单边垄断的局面。近几年来,我国逐步建立了属于自己的金融交易服务平台,如新华08金融交易服务平台。通过这一金融交易信息服务平台,我国逐渐打破了外国资讯平台垄断的局面,在采集一手金融信息、传播"中国真实声音"、维护我国金融安全方面获得了巨大的突破。

第三节 金融信息化对金融安全的挑战

信息化为金融业带来无限机遇的同时也带来了前所未有的挑战。金融交易的网络化与传统实务交易、面对面的业务不同,更多的信息通过网络、电子设备传播,虚拟化使得金融交易快速的同时加大了不确定性,金融系统的操作风险不断加大。与此同时,金融信息的掌握与传播能力在国际金融市场上也逐渐成为金融实力的重要组成部分。在金融市场上拥有话语权、对金融信息实现垄断往往使得交易中某一方赢得主动,这也带来了金融交易的不公平。在国家层面,这威胁到了一国的金融安全。在享受金融信息化带给我们的便利的同时,我们也要审慎面对金融信息化所带来的金融风险。

一、电子信息化扩大了操作性风险

电子信息化的高技术给金融系统带来了巨大的操作性风险。操作性风险本身是由于不完善或者有问题的内部操作、系统或外部事件而导致的直接或间接损失的风险。而随着电子网络化的不断延伸，信息化在金融系统中的不断深化，操作性风险所带来的损失也就越来越严重。

电子系统设计和运行的缺陷、系统和设备的维护不足、数据的完整性缺失、系统用户的操作不当等都会带来操作性风险，近年来商业银行由于电子系统的设计缺陷、系统漏洞、监管不当等原因造成的事故屡见不鲜。电子系统与人工操作不同，授权人只要拿到金融系统的相关授权便可在金融信息平台上进行相应级别的操作，某些人出于私利，利用职务之便篡改账户数据、截留账户资金、私下进行交易的情况，造成商业银行的损失，影响金融机构业务的正常进行。

以2008年初法国兴业银行的案件为例。由于兴业银行长期存在内控监管机制和信息系统数据授权管理存在严重缺陷，使得一名交易员长时间进入未经授权的数据库，并进行交易。交易员杰洛米·科维尔动用500多亿欧元的资金，秘密进行期指买卖，造成近49亿欧元约合71.4亿美元的损失。

很多金融机构出于技术人员的短缺和降低成本两方面考虑，往往依赖外部服务商代为开发、维护和管理系统，这非常容易造成管理、产权以及技术的隐患。尤以使用外国交易服务系统的金融机构为主，商业核心技术和信息极易泄露。

近年来，由于软、硬件系统运行故障、操作系统漏洞导致的事故屡屡发生。

例如，2006年中国工商银行系统出现漏洞，两名男子使用原始资金2.7万元，在网上进行黄金买卖交易，短短10天时间里获利2100万元，造成工商银行的巨大损失。2008年1月7日，北京银行因主干专线的入户设备发生故障，造成业务中断1个多小时。2006年5月，日本最大美资银行花旗银行交易系统故障，约27.5万宗公用事业款项的交易遭重复扣款。

电子信息化的开放性、扩展性削弱了金融机构尤其以商业银行为代表的机构运营的安全可控性。

近年来，网络犯罪案件频频出现。金融电子交易的模糊性，金融交易机构无法对客户的身份进行确认，对账户及交易进行及时的日常监督以及违约责任追究困难等，造成了某些客户的投机行为、欺诈行为，逆向选择和道德风险给金融机构带来了巨大的风险。

另外，犯罪分子利用金融机构电子网络运行的不透明性，利用网络病毒如木马程序等窃取客户信息、侵入金融机构数据库系统。

商业银行为此建立了一整套安全策略。由图6-3所示，银行在同一安全策略之下，分别规定了安全技术标准和安全管理规范两种，从技术与管理两方面对银行的操作性风险进行约束。

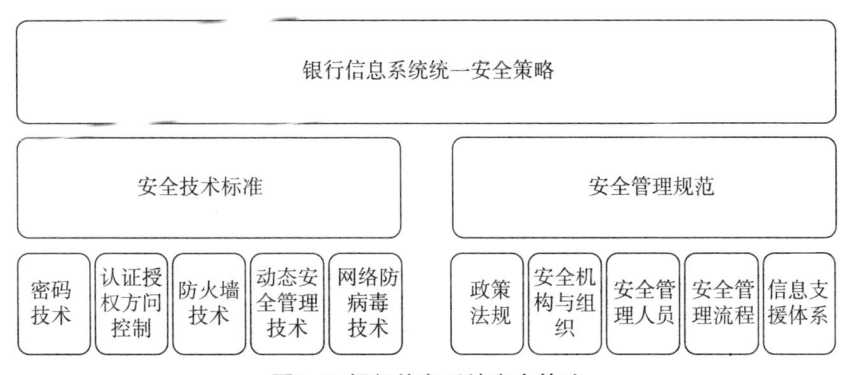

图6-3 银行信息系统安全策略

二、信息不对称性导致金融地位的失衡

信息不对称化严重干扰了金融市场中交易者的利益。以我国为例，我国金融系统多年以来缺乏一手采集的金融信息，不能根据自身需求有效传播中国的金融声音。

近年来，我国金融市场快速发展，股票市值为全球第三，铜、铝、橡胶、玉米、大豆、棉花、小麦期货等商品交易量也均居世界前列，成为世界级买家。但多年来我国只能被动接受国际金融交易价格，业务大宗商品及金融产品定价权，完全依赖西方金融信息服务机构提供的金融信息，经常出现中国购买哪项资源，哪项资源价格就暴涨的局面。

世界上近90%的金融信息是由英美等西方国家的新闻信息机构提供，信息传播基本被路透、彭博和道琼斯等少数机构垄断。我国金融机构了解全球金融市场动态、参与全球金融交易，一直都依靠甚至依赖外国的新闻信息机构、交易信息系统，我国金融机构通过国外的金融交易终端进行金融交易，交易决策极易被误导，交易数据也无法保密。在世界多个国家和地区的金融机构均参与竞争时，对金融信息的依赖十分巨大，不合理的世界金融信息传播和服务秩序严重威胁着包括中国在内的众多国家的利益，我国的信息安全、金融安全和社会稳定遭到了严重的威胁。

三、交易系统垄断，存在巨大信息安全隐患

随着我国金融领域全面开放，外资金融服务机构将越来越多地介入中国金融系统，我国加强金融安全监管十分紧迫。

英国路透早在1994年就进入了中国的金融风险管理市场，目前已经占据了90%的市场份额，已有15家银行为其客户。从2003年开始，国内银行业掀起了核心业务系统改造浪潮，随着市场需求量的增大，IBM、Oracle、SAP、SA等国际巨头及其他国际金融软件提供商也纷纷步入中国市场。2003年至2006年，先后有六家银行引入国外金融IT厂商系统。除了银行业，很多证券、期货、投资机构、科研院所都在使用国外金融系统。

目前我国的金融体系中，金融交易平台系统基本以外国交易系统为主，如外汇交易平台基本以英国路透社Dealing3000和德意志银行的EBS系统为主，债券交易平台基本为美国彭博社终端所垄断，市场报价咨询系统主要使用3000Xtra系统，风险管理系统则以路透Koudor+、Murex系统为主。

这些金融交易平台为金融机构提供完善的报价系统和实时金融资讯。以路透为例，其资讯产品包括全球250多家交易所的股票实时报价，50

多种货币每天的官方定价，超过175种货币的现货、远期、存款、掉期、期权和其他衍生品的价格，100个国家的50万只债券的实时报价，16500家公司的详细赢利预测和综合赢利预期，以及每天提供4万个世界知名券商的研究报告。

与此同时，国外交易平台还提供售后、公关等服务，采用免费使用、无偿培训的方式来提高国内银行对其系统的依赖性。路透、彭博这些机构经常给国内金融机构、高校学生进行免费培训，通过培训将这些金融机构以及这些将来的金融从业者，培养成为其金融信息平台的未来使用者。境外服务机构利用其周到的售后服务、突出的公关技巧博得了我国金融机构的广泛信赖。

金融信息服务市场被外国企业所垄断，同时，中国金融系统对境外交易系统和服务软件依赖严重，由此产生了较大的数据风险。中国金融行业在使用外国公司软件的时候，不可避免地让对方了解到自己的风险控制模式、交易状况，系统开发商可以很容易地获取中方金融信息。国内使用境外外汇、债券交易平台及风险控制软件等，终端机与其后台服务器、数据库均相连，尽管大多数银行采用了单向接入、物理隔离等措施，但如有外国系统在中方系统中留下后门程序、谍件、"逻辑炸弹"或者出现漏洞，系统供应商仍很有可能获取所有交易数据和信息，我国金融企业很可能受到攻击，严重威胁我国的金融安全。

金融交易信息泄露导致我国出现巨额经济损失的事件频发，以2006年国储铜事件为例。国储局下属国家物资储备调节中心，其负责人刘其兵看空铜期货，以国储铜名义在伦敦期货交易所建立铜期货空头合约，建仓价为3500美元/吨，但是国际铜价却一路上扬。刘其兵在期货空仓上不断加码，到2005年10月，账面亏损达到6亿零600万美元。[1]消息在11月10日被《华尔街报》率先爆出，国际铜价屡创奇高，国储铜在国际对冲基金的对赌中损失惨重。

---
[1] 王阳：《京华时报》，2008年4月30日。

第六章 金融信息化与金融安全 149

四、信息传播垄断、市场地位被动

（一）金融资讯信息的传播垄断

金融信息的传播在金融信息化中同样占有举足轻重的地位。世界范围的交易者均通过自己所搜集的金融信息传播者提供的金融资讯进行金融决策。这些金融资讯的客观、翔实程度取决于金融信息服务平台。

通过对国际金融信息采集、传播的垄断，美国控制了全球75%的电视节目的生产和制作，许多发展中国家的电视节目有60%~80%的栏目内容来自美国。[1]

西方国家利用其掌握的金融信息终端，大肆传播危害他国政治稳定的信息，向对方国家实行信息渗透，以达到本身的政治目的。例如西方资讯媒体经常恶意扭曲对中国的资讯，使得中国在交易市场上处于劣势地位。

（二）对信用评级信息的控制

评级机构是金融市场的重要服务性中介机构之一，评级机构对证券发行人、证券本身等进行等级评定。评级对象上至主权国家发行的债券，下至上市企业股票。国际上公认的最具权威性的专业信用评级机构有三家，分别为美国标准普尔公司、穆迪投资服务公司和惠誉国际信用评级有限公司。

根据金融市场对信用评级机构的要求，信用评级机构在经营中应遵循真实性、一致性、独立性、稳健性的基本原则，向资本市场上的授信机构和投资者提供各种基本信息和附加信息，履行管理信用的职能。评级机构组织专业力量搜集、整理、分析并提供各种经济实体的财务及资信状况、储备企业或个人资信方面的信息，如恶性债务记录、破产诉讼记录、不履行义务记录、不能执行法院判决记录等。信用评级机构的信用评级报告已成为对经济实体及个人的信用约束以及监督机制。

市场经济需要依靠信用来维持运转。信用关系是国家之间、企业之间

---

[1] 梁凯音：《论中美关系中的中国国际话语权问题的研究》，载《东岳论丛》2010年第7期。

的基本关系。在买卖关系中，出资方为了保证自己资金的安全，需要对交易对方进行信用评估，以便决定是否进行交易及交易担保需要规定多少。因此信用评级机构在金融市场中起到至关重要的作用。

目前美国信用评级三巨头垄断了信用评级市场，为美国抢占金融资源、攫取金融利益、独霸金融市场话语权创造了条件，对国际金融安全造成了严重的威胁。统计表明，国际信用评级公司有意压低对中国上市银行的信用评级，从而压低了这些银行的发行价，仅2006年境外投资者就从中国股份制银行赚取了1万亿元人民币以上的利润。[1] 在国债领域，评级机构也为美国提供了极为优惠的环境，2008年次贷危机之后，三大评级公司在长达三年的时间中，一直给美国的主权债务信用评级维持3A最高评级，美国政府就此以极低的利率发行国债。近十年来，评级公司评高美国主权信用评级，为美国节约债务发行成本近万亿，为美国政府带来了低成本甚至无偿的资本，但这却给例如中国这样的债权人国家造成了大量的损失。

在欧债危机中，评级机构也起到了推波助澜的作用。2009年12月8日，惠誉率先降低希腊主权信用评级，14天后，穆迪降低希腊短期主权信用级别。至此，希腊债务危机爆发。2010年4月22日，穆迪公司宣布降低希腊主权债务的信用等级，当日希腊国债市场价格大跌，融资成本（收益率）飙升。2010年4月27日，国际信用评级机构标准普尔公司将希腊长期主权信用评级由BBB+降为BB+，同时下调了希腊各大主要银行信用评级，这是欧元启动以来，第一个欧元区国家长期主权信用评级被评为垃圾级，此举加深了外籍投资者对希腊债务危机升级的恐慌情绪，引发了全球市场的剧烈震荡。评级下调导致危机在欧洲内部迅速蔓延，其中，英国、法国和德国是"欧洲五国"最主要的债权人，这些国家债务评级的下调，引发了多米诺骨牌效应，使得危机迅速从外围国家向核心国家传导，从债券市场向银行体系传导。

自欧元使用以来，欧美争夺金融主导权的斗争就从未停止。2011年

---

[1] 沈骥如：《为什么要扶植中国自己的信用评级机构》，载《天下公司》，2010年。

美国经济增速放缓，市场持续低迷，美联储坚持超低利率政策造成美元面临巨大的贬值压力，美联储实施QE1期间，美元汇率下挫5.3%，在QE2期间，美元汇率下挫9.9%，如若美国实行第三次量化宽松，美元会再度面临贬值压力，会削弱美元在国际货币体系的地位。作为美元最强有力的竞争者，欧元在各国央行的储备中占据的比例超过了20%，成为唯一可以与美元相抗衡的国际货币。在过去两轮量化宽松政策推出后，美元都面临下行压力，但是当美元对欧元汇率达到历史低点后，美国评级机构都会不失时机地下调欧洲有关国家的信用评级，转移金融市场上投资者的注意力，从而起到打击欧元的目的，维持美元的国际储备货币地位。

欧洲债务危机的爆发，削弱了欧元对美元作为国际储备货币的挑战，美国和美元成为欧洲主权债务危机的最大受益者。[1]

可以看到信用评级的话语权已经上升到能够影响国际金融秩序、国际政治秩序的高度。中国人民银行行长周小川近日表示，要减少中国对国外信用评级机构的依赖，特别是大型金融机构。国内的大型机构应该建立更强大的搜集网络，拥有更充分的信息，有更强大的研究能力，必须自己做更多的对产品的评估，内部评级要占更大的比重。大型金融机构应该更多地作出自己的判断。同时中国要扶持自己的信用评级机构。

第四节　金融信息平台建设

金融信息化给各国金融安全带来了前所未有的挑战，其中，西方国家对金融信息平台的垄断给我国金融安全带来的隐患尤甚。金融信息平台是国家搜集一手金融信息、传播资讯的重要平台，金融信息平台不仅具有经济意义，对国家来说更具有深远的战略意义。我国长期使用外国金融交易平台，金融信息、交易数据长期暴露在外国资讯媒体之下，给我国金融安全带来长期不稳定的因素。金融信息平台同时也是各国资讯的传播阵地，

---

[1] 谭小芬：《世界经济形势分析与预测：美国经济》，人民网，2010年9月5日。

西方对我国的报道经常有失公允，使得我国在国际金融市场中，经常处于劣势地位，有损国家利益。因此建立自己的金融信息平台成为我国的一项战略举措。

一、金融交易服务平台的总体目标

金融交易服务平台是信息采集、信息传播、交易平台建立等一体的综合性金融服务体系。

我国建立自有的金融交易服务平台，旨在维护我国金融安全，保护国家金融利益，增大我国在世界范围的金融话语权。平台在全球范围内设立信息采集点，为我国提供及时的一手信息，提高我国全球范围内的金融信息采集能力，扩大采集权。在全球金融市场有效发出中国资讯，增强发布权。围绕人民币业务加快相关系统的建设和完善，掌握定价权。

二、新华08金融交易服务平台的功能

新华08金融交易服务平台（以下简称新华08）是以终端形式为经济管理部门、金融机构和大中型企业参与国内外债券、外汇、股票、黄金、期货和产权等交易，提供咨询、行情、数据、分析、模型、交易、发布、多终端形式、个性化服务等数项服务的信息平台。[1]

自2007年9月正式运行以来，新华08内容不断丰富，功能不断拓展，提供业务范围日益增大，为国内外金融机构和大型企业提供金融品种买卖和综合信息服务。如图6-4所示，新华08以PC终端为核心，兼有视频终端、手机终端、网站和《金融世界》杂志同步发展，逐渐建立多终端产品业态。同时，新华08构建金融信息交易所，在大庆建立国际石油咨询中心两个实体信息服务中心，为传播金融资讯、提供金融信息产品、提供能源报价

---

[1] 曹学会：《新华社"新华08"金融信息平台的建设》。

等方面与世界接轨。新华 08 正在逐步发展成为支撑人民币国际化的战略工程和人民币业务综合交易的基础性平台，在全球资本市场的话语权和影响力进一步增强。

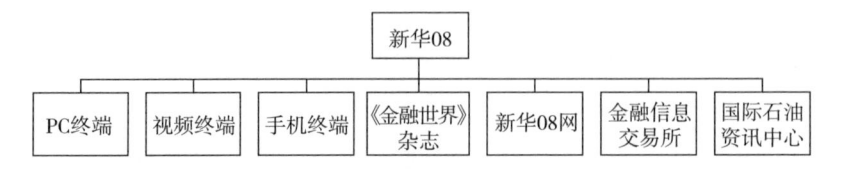

图6-4 新华08金融交易服务平台

新华 08 充分发挥新华社作为国家通讯社和世界性通讯社的优势，在全球金融市场传播中国金融资讯，根据我国利益在全球范围内采集金融信息，建立保护我国金融安全的金融信息平台，打破西方国家对金融资讯的垄断。

新华 08 建设内容主要包括围绕外汇与货币、固定收益、商品、衍生产品等金融市场，开展信息和交易服务，建设、建立包括研发、采集、数据、编辑、技术在内的十个中心，建立采集、数据、价格、多媒体编辑等十个系统，通过以上金融信息平台的建设，实现对全国金融信息的采集、分析等工作，为我国金融监管机构、金融机构、投资者提供高效可信的金融信息获取平台，也为我国挺进世界金融市场，在世界领域可以发布有力的金融声音，提供有效的平台。

三、新华 08 对我国金融安全的贡献

长期以来，我国依赖外国金融交易终端，以路透、彭博交易终端为主。我国监管部门在管理国外通讯社的过程当中，发现外国通讯社出现利用金融交易服务终端，向我国用户传递大量违反我国法律、危害我国安全、危害社会稳定的内容,金融资讯、信息的及时性、可靠性很难得到保障。另外，

使用外国金融交易终端，金融数据信息、交易信息的信息安全很难保证。

新华08金融信息服务平台的建立提高了经济信息特别是金融、外汇、证券等信息的时效性、可靠性，保证了我国的金融安全。新华08从以下几个方面入手，打破西方金融交易信息系统垄断格局。

（一）搜集更多国内、国际一手金融信息

新华08加强了对财经信息采集网路的建设。在全球范围加大信息采集力度，着力扩大信息源、信息量，提高自采率、原创率，在世界重要金融市场设置了信息采集点。2008年1月10日，新华社启动了农副产品价格监测系统建设工作，迅速建立起覆盖全国350多个地、市（自治州、盟），800个市场（超市）的监测点，并在中国香港、纽约、伦敦、巴黎等23个海外重点城市建立了价格信息采集点。每天定时间、定地点、定品种、定规格采集汇总5大类40余种农副产品价格。2010年7月，房地产价格监测系统在北京、上海、天津、广东等12个省市试点运行，此举对帮助政府部门掌握相关行情数据，采取有力措施遏制房价过快增长具有重大的实际意义。继开拓境内首家驻华尔街金融信息采集点之后，新华08快速扩大金融信息采集网络。目前，新华08已建设纽约、芝加哥、东京、伦敦、孟买、法兰克福、多伦多、迪拜等8个金融信息采集点，新增台北、首尔、苏黎世、新加坡、里约热内卢、悉尼、约翰内斯堡、墨西哥城等8个信息采集点，并积极在新兴经济体和周边地区加强报道力量。[1]

这些一手信息的取得，为我国金融机构、政府提供了宝贵的信息资源。在做出经济决策、进行国际金融交易的过程中，有了更加可靠的信息来源，大大减少了被外国金融集团误导的可能。

（二）紧握核心技术，增大话语影响力

国内金融机构对西方金融信息机构及其软件的依赖性很强，从经济、金融、信息角度对我国金融安全具有很大的潜在威胁。新华社着力增强核心技术的自控能力，拥有新华08的自主知识产权，努力掌握经济、金融

---

[1] 新华08咨询网。

信息等采集发布的主动权。为此，新华08引入道琼斯、腾富等国外数据和行情资源及全球20多个主要国家和地区的宏观经济数据信息机构资源，发布16家国内机构和12家国外机构的实时行情，成为中国内地唯一提供港股实时行情的服务系统。

"新华—道琼斯国际金融中心发展指数"由金融信息平台新华08和道琼斯联合研制，以新华08为主，通过综合66项客观指标，首次对全球45个国际金融中心城市的发展能力作出综合评价。

我国是世界级交易大国，大宗交易市场的主要参与者，行情资源的发布不仅证明我国在信息采集、处理方面的进步，更代表着我国对国际市场施加影响，从被动接受者到规则制定者的转变。

（三）全方面、多终端体系使信息发布、资讯传播范围更广

着力提高传播能力和效率，通过非媒体形态向全球金融市场有效传播中国的声音，扩大我国在全球金融信息市场的话语权，以维护我国的金融市场安全。

新华08金融信息平台，以PC终端为核心，囊括了视频终端、手机终端、网络终端，统摄拥有《金融世界》杂志这一报刊终端，多领域、全方位发布金融资讯，扩大平台影响力。

新华08着力提高金融信息的传播能力和效率，向全球金融市场传递中国资讯。新华08每日实时资讯发稿近10000条，涉及外汇、货币、债券、股票、期货等5大市场以及金融、能源、房地产、金属等55个行业，全面展示中国交易所的行情资讯。新华08利用金融交易系统将中国资讯传导到全世界。新华08资讯板块有关中国资本市场的咨讯更快、更全面，重要资讯多次实现全球首发，注重针对当前重点行业和热点行业的竞争形势和发展趋势进行前瞻性、预警性分析。

（四）发出"中国声音"

新华08以信息终端形式向世界传播出更多的反映我国政府的立场和态度的分析、报道，更多地发出"中国声音"。

随着中国经济的增长,中国在世界经济体中的地位日益重要,中国声音受到越来越多人的关注,也成为世界金融参与者决策中的重要考虑部分。例如,2010年2月21日,新华08首次用中英文同步对外发布中国石油价格指数和库存数据,这是新中国历史上第一个石油指数,是世界了解中国能源供求状况和全球能源市场波动的窗口,也是维护我国自身经济和能源安全的一个重大举措,对于了解中国国内石油需求和价格走势具有现实意义。

咨询服务是新华08的核心内容之一,包括提供外汇、股票、债券、商品与能源等市场的咨询,国际贸易、宏观经济、大宗商品报价信息等金融资讯,同时提供全面的中国行业与市场的微观、中观资讯,中国市场的行情变化、价格变化,中国金融市场政治经济要闻和评论;是向全国、全世界传递我国金融决策,发布我国金融市场信息的服务平台,也是让世界了解中国的一个平台。

金融交易以互信互利、互惠共荣为原则,只有交易双方互相了解彼此,才能更好地进行交易合作。新华08为世界提供了这样一个了解中国的平台,帮助世界投资者、合作者理性、充满信任地与中国合作,减少恶性竞争、恶意交易的产生。

(五)为人民币国际化作好准备

人民币国际化是大势所趋,要使我国成为世界经济中举足轻重的一员,人民币必须逐渐成为世界认可的货币。而货币国际化不仅要求一国有强大的经济实力作为后盾,更需要一整套货币交易平台作为支撑。

以美国为例,美国以美元为媒介,以华尔街作为金融中心、美联储作为政策中心,同时,通过自身金融信息交易平台,发布"美国声音",将美元政策、美元报价等重要资讯传导到世界,使美国成为世界金融中心。金融危机过后,美元主导地位遭到削弱,而中国这一新兴市场保持平稳快速增长,已经跃居成为全球第二大经济体、第一大贸易输出国和外汇储备国。这对于推动人民币国际化,建立以人民币为中心的国际金融中心是一个良好的契机。

以新华08开通人民币债券交易系统为例：新华08系统以中国为中心，立足中国市场、中国用户、中国资源，紧紧围绕人民币交易产品，新华08开通了人民币债券系统，及时更新基础数据，增加收益率历史数据，升级交易系统，功能不断优化，系统不断更新，时效性、实用性进一步增强。这一系统对完善人民币市场、实现人民币业务综合交易功能、为国内外金融机构提供投资决策分析等起到了积极作用。

央行发布的《2010年国际金融市场报告》中指出，新华社金融信息平台新华08依托本土优势不断发展，逐步改变了国际金融信息市场被西方金融信息终端垄断的局面。2010年一年，新华08签约用户和营销收入均增长一倍以上。金融交易服务平台新华08投入市场使用已经有三年的时间，逐步发挥了对国外金融交易服务终端的替代作用。2008年以来，中国人民银行连续四年在《国际金融市场报告》中大量援引新华08的金融数据，放弃使用国外金融资讯终端数据。

新华08的建设是我国金融市场基础建设的重要成就之一，有助于维护国家金融信息主权、保障信息安全和保护金融安全。同时打破少数机构对国际金融交易和资讯服务的垄断，促进我国信息服务的发展，为经济管理和金融监管部门加强市场监控提供了有力工具，提高了国内金融机构对本土信息的利用效率，更好地满足了国内金融市场对信息的需求。

第七章　金融创新与金融安全

　　金融创新自20世纪60年代以来加速发展，从政府到金融机构通过对金融制度、金融产品、交易方式、金融机构、金融市场进行创新和变革，实现了资源的优化配置，有力推动了金融业的发展。可以说，整个金融业的发展就是一部不断创新的历史。但是，2007年始，一场轰轰烈烈的金融危机从华尔街席卷全球，投资者损失惨重，并且严重影响了实体经济的发展。随后，希腊、爱尔兰、葡萄牙、西班牙、意大利主权信用评级下调，欧债危机爆发，欧美市场随即下跌，刚刚转暖的全球经济再受打击。既然金融创新的"破坏力"如此巨大，为什么仍受到如此追捧呢？金融创新与国家金融安全有何联系？后金融危机时代如何在推动金融创新的同时兼顾国家金融安全？这些都是值得我们深思的问题。

第一节　金融创新的动因

关于金融创新的动因，中外学者经过几十年的探索研究，形成了丰富的金融创新理论。笔者认为，金融创新的动因主要分为内因和外因，内因主要源于创新主体的需求，而外因主要有技术创新和创新环境两个方面。

一、金融创新的内因

（一）规避监管的创新

金融行业由于其高风险的特征，一般比其他行业受到更为严格的监管。当政府过度的监管阻碍了金融业务的拓展和金融业的发展，造成金融机构利润下降和赢利困难时，金融机构为了自身经营和发展，就会利用金融创新，绕开金融监管当局的规则限制，在规则约束下争取减少损失和获得更多利润。20世纪50年代末，各国经济处于战后恢复时期，确立了以美元为中心的国际货币体系，即布雷顿森林体系。西方国家遵循布雷顿森林体系为主体的金融秩序，一般实施较为严格的金融监管。这一行为阻碍了金融机构利润目标的实现，导致以逃避监管为目的的金融创新产品大量涌现。其中具有代表性的有欧洲美元（1958，国际银行机构）、欧洲债券（1959，国际银行机构）、平行贷款（1959，国际银行机构）、自动转账（1961，英国）和混合账户（20世纪60年代末，英国）等。

解释基于规避监管的金融创新的理论主要有规避管制理论和约束诱导理论。规避管制理论由美国经济学家凯恩（Kane，1984）提出，他认为：诱发金融机构创新的主要动因是政府的管制，规避创新就是指各种回避金融管制的行为。约束诱导理论的代表人物是美国金融学家西伯尔（Silber，1983），这种理论认为：诱发金融创新的根本原因在于内部和外部存在对金融业的约束因素，从金融产品的供给方面研究金融创新。

（二）降低风险的创新

20世纪70年代布雷顿森林体系的崩溃和两次石油危机促成了又一次金融创新浪潮，此次金融创新的动因主要是防范和控制金融风险，电子计算机技术的发展及其在金融行业的推广使用也对此次金融创新起到了很大的推动作用。20世纪70年代衍生工具的创新成为金融创新的主要内容。金融产品的多样化和复杂化虽然能够为市场提供更多流动性，但可能带来更多的金融风险，威胁国家金融安全。20世纪80年代，以衍生工具创新和风险管理为核心内容的金融工程得到了迅速发展。金融工具的复杂化一方面使金融风险复杂化，另一方面也极大促进了金融风险管理技术的发展。这一时期具有代表性的金融创新产品有浮动利率票据（1970，国际银行机构）、联邦住宅抵押贷款（1970，美国）、外汇期货（1972，美国）、外汇远期（1973，国际银行机构）、浮动利率债券（1974，美国）和利率期货（1975，美国）等。

解释基于降低风险的金融创新的理论主要有货币促成理论。货币促成理论认为：是货币方面因素的变化促成了金融创新，20世纪70年代的通货膨胀和汇率、利率的波动构成了金融创新的主要动因。这一理论很好地解释了布雷顿森林体系崩溃后出现的多种转嫁汇率、利率、通货膨胀风险的金融产品。一般来说，金融资产的价格波动不一定导致金融产品的创新，但多数实证分析表明金融产品创新有利于降低金融资产价格的波动。

（三）提高竞争力的创新

20世纪80年代，由于世界性债务危机的爆发，西欧各国普遍放松金融管制，金融自由化显著增强。随着金融自由化的推进，金融机构大量建立，金融业内竞争加剧，为降低成本、提升竞争力，各类金融机构创造了多种多样的金融创新产品。一方面，同业的竞争使得金融机构通过创新降低交易成本；另一方面，经济的不断发展使得人们对金融服务产生了更大的需求和更高的要求，促使各金融机构不仅对传统业务进行创新，而且在传统业务之外积极拓展新的业务领域。因此，金融业内部竞争也是金融工具创新的重要原因。

二、金融创新的外因

金融创新的外部原因主要是科学技术的进步。电子计算机和现代通信技术的发展和应用为金融创新提供了物质上和技术上的保障,实现了金融业的电子化、信息化。一方面,完备、高速的信息资源网络和数据分析处理系统提高了金融系统的运作效率,降低了金融创新的成本,使从前无法实现的表外业务得以实现并为表外业务达到规模经济创造了有利条件。另一方面,电子计算机等新技术的应用也提高了金融创新的收益,促进了金融创新的发展。然而,任何技术都只是创新的条件,而不是创新的内在驱动力,因此,新技术的应用在推动大量的金融创新产生的同时并没有改变金融交易的性质,只是金融创新的外在的"助推器"。

解释技术进步这一动因的主要理论是技术推进理论。这一理论由经济学家韩农（T.H.Hannon）和麦道威（M.McDowell）提出,他们认为:科学技术的革命与进步,特别是电脑、电信业技术和设备在金融业的应用是促进金融创新的主要原因。他们通过实证研究发现20世纪70年代美国银行业新技术的应用和推广与市场结构的变化密切相关,从而提出了这一理论。

由于一切经济金融活动都是在特定的经济社会环境中进行的,因此,环境对于金融创新也有着至关重要的作用。20世纪80年代,全球金融自由化带来的金融创新正体现了宽松的经济金融环境对金融创新的促进作用。这一时期的金融创新更多的体现为融资方式的创新,此外,还有创造信用和产生股权的创新。这一时期的金融创新产品大多数以银行表外业务的形式出现,具有代表性的新的金融创新产品有货币互换（1980,美国）、利率互换（1981,美国）、票据发行便利（1981,美国）、期权交易（1982,美国）、期货交易（1982,美国）、可变期限债券（1985,美国）、汽车贷款证券化（1985,美国）等。规避管制理论、约束诱导理论和货币促成理论都在一定程度上体现了环境的影响作用。

第二节 我国金融创新的现状

近 30 年来，我国金融体制逐步完善，建立了以四家国有银行和十多家股份制银行为主体的完善的存款货币体系，建立健全了以股票、债券为主的一级市场和以上海、深圳证券交易所为核心的二级市场，形成了以上海、郑州、大连散架商品期货交易所为主体和分布于全国主要大中城市的期货经纪公司网络体系。同时，我国的外汇管理体制不断改革，逐步实现了人民币经常项目下的自由兑换。在近 30 年中，我国逐步放松对外资金融机构的限制，外资金融机构陆续进入我国市场。在宏观调控方面，逐步由计划性、行政性手段为主向经济型、法律性手段为主转变。我国金融体系的这一系列变革，使得我国金融市场逐步完善繁荣，促进了实体经济的发展，也极大增强了国家的金融安全。

近年来，我国实体经济对金融创新的需求迅速扩大，特别是金融业的逐步开放和外资金融机构的进入，将直接引入金融创新的产品和业务。竞争的加剧将压缩金融机构的利润空间，促使金融机构加快创新的步伐。同时，在全球金融监管宽松化的大环境下，我国的金融监管也必将趋于宽松，这将直接推进金融创新的发展。综合多种因素，我国金融创新将进入一个飞速发展的时期。

考察我国目前金融创新现状，主要有以下几个特点：

一、金融业务不断创新

近几年来，随着国内经济的不断发展，人们对金融业务的需求也与日俱增，为了满足客户差异化和个性化的需求，金融机构推出了多种创新理财服务，在负债业务上出现了保值储蓄存款、住房储蓄存款、委托存款、信托存款等新品种；在资产业务上出现了抵押贷款、按揭贷款等新品种；在中间业务上，各机构开始开办个人汇款、个人支票业务，扩大各种代理业务，开发多功能信用卡等。目前，外资金融机构已遍布于沿海城市和内陆主要中心城市，但由于经营范围和经营地域仍受限制，尚未对国内金融机构构成较大威胁。但随着我国金融市场的不断开放和国际化，外资金融机构的经营范围和经营地域限制将逐步取消，大量外资进入中国后，将引进各种国外先进的金融创新产品。而外资金融机构与国内金融机构全方位的竞争，也将刺激国内金融机构的金融创新和金融服务深化发展。另外，我国债券产品不断丰富，我国利率市场化稳步推进，目前，我国的同业拆借利率已基本实现市场化。随着我国金融市场与全球金融市场的逐步接轨，其余各种利率市场化的步伐也将加快，一旦利率市场化实现，就会产生对规避利率风险的金融产品的需求，而与之相关的金融创新也将会有很大发展。

表7-1 我国历年债券市场余额[1]

单位：亿元

	2009年	2010年	2011年
政府债券	16213.58	17878.18	15997.91
记账式国债	12718.10	14581.90	12446.50
储蓄国债（电子式）	1495.48	1296.28	1551.41
地方政府债	2000.00	2000.00	2000.00
央行票据	39740.00	46608.00	14140.00
政策性银行债	11678.10	13192.70	19972.70
国家开发银行	6700.60	8500.00	11550.00
中国进出口银行	1963.70	1892.70	3950.00
中国农业发展银行	3013.80	2800.00	4472.70
政府支持机构债券	0.00	1090.00	0.00
政府支持债券	0.00	0.00	1000.00

[1] 中央结算公司网站。

续表

	2009年	2010年	2011年
商业银行债券	2846.00	929.50	3518.50
非银行金融机构债券	225.00	50.00	10.00
企业债券	4252.33	3627.03	2485.48
中央企业债券	2029.00	1644.00	204
地方企业债券	2223.33	1977.20	2267.30
集合企业债	0.00	5.83	14.18
短期融资券	4612.05	6742.35	5190.50
资产支持证券	0.00	0.00	0.00
中期票据	6885.00	4924.00	7269.70
集合票据	12.65	46.57	52.34
外国债券	10.00	0.00	0.00
国际机构债券	10.00	0.00	0.00
其他债券	0.00	0.00	0.00
合计	86474.71	95088.33	69637.13

二、衍生金融工具市场逐步建立

随着中国改革开放的推进，中国衍生品市场虽然起步较晚但也逐步发展起来。

中国的商品期货市场起步较晚，但发展迅速，在某些品种上已经取得了定价的主导权。在交易量上，虽然中国商品期货起步晚，但已经取得长足的进步。在金属方面，中国对锌期货有定价的主导权，对铜和铝期货有重要的影响力；在农产品方面，中国在白糖、大豆、豆粕和强麦上有低昂价的主导权，在玉米期货上有重要的影响力，棕榈油和菜籽油也是交易量最大的品种。另外，中国的燃油期货交易量巨大，也取得了一定的主导权。

商品期货的发展有效地规避了风险，保障了金融安全。目前中国有四家商品期货交易所，分别为上海期货交易所、郑州商品交易所、大连商品交易所和中国金融期货交易所。

2010年4月6日，万众瞩目的股指期货鸣锣开市。首批挂盘交易的四个合约品种，开启了股指时代的大门。在此之前，虽然中国商品期货取得了长足的进步，但中国的金融期货长期处于停滞状态，这主要是由于中国股票市场自身的问题造成的，特别是中国流通股和非流通股二元结构的存在直接阻碍了股指期货的推出。2005年，证监会启动了股权分置改革试点工作，随后，股权分置改革便分批分次的展开。随着中国股权分置改革的推进，股指期货也顺利提上了议事日程，并最终实现。股指期货的推出意义非凡，它不仅为投资者提供了一种套期保值的工具，有效规避了市场风险，而且进一步完善了我国金融体系，增强了各类市场之间的融合性。此外，股指期货的推出提高了投资者对股票市场的参与率，为企业发行股票融资创造了有利条件。股指期货也大大提高了我国的宏观调控能力，股指期货是一种行之有效的风险防范和风险监控机制，曾在1998年的东南亚金融危机中扮演重要角色。香港政府正是利用股票市场和股指期货价格的联动规律，干预策略才取得了成效。由此可见，股指期货的推出对于一国防范金融风险、确保金融安全具有重要意义。

表7-2 中国各期货交易所产品一览[1]

交易场所	产品品种
上海期货交易所	黄金、铜、铝、锌、天然橡胶、燃料油期货
大连商品交易所	黄大豆一号、黄大豆二号、豆粕、豆油、玉米、棕榈油、线性低密度聚乙烯期货
郑州商品交易所	小麦、强筋小麦、棉花、白糖、菜籽油、精对苯二甲酸期货
中国金融期货交易所	股指期货

2010年10月20日，银行间交易商协会公布的《银行间市场信用风

---

[1] 各期货交易所网站。

险缓释工具试点业务指引》创设了一种信用衍生品，即信用风险缓释工具（CRM）。信用风险缓释工具是指信用风险缓释合约、信用风险缓释凭证及其他用于管理信用风险的简单的基础性信用衍生产品，即可交易、一对多、标准化、低杠杆率的信用风险缓释合约（Credit Risk Mitigation Agreement，CRMA）和信用风险缓释凭证（Credit Risk Mitigation Warrant，CRMW），被业内认为是中国对世界信用衍生品市场的一个创新，类似于国际上的CDS。按照《指引》中的相关条件和程序，截至2010年11月4日，已有17家机构备案成为首批信用风险缓释工具交易商。同时，经11月3日召开的金融衍生品专业委员会专题会议审议，已有14家机构成为首批信用风险缓释凭证创设机构。这也是我国衍生金融市场的一个重大发展。

另外，中国权证市场已经启动，但发展水平还处于初级阶段。与成熟市场相比，权证品种少，备兑权证的发行还不顺畅，投资者相对不成熟，这些也在一定程度上造成了权证市场炒作气氛浓厚。随着权证市场的规范，它必然一步步走向成熟。

三、场外衍生品市场处于起步阶段

尽管近年来我国场外衍生品市场取得了较快发展，但目前仍处于起步阶段。在这一阶段，国内银行与客户远期业务迅速发展，截至2006年5月30日，共有50家银行开办了对酷虎远期结售汇业务的备案手续。但是人民币远期结售汇业务市场规模仍旧不大，交易也不活跃。与远期结售汇相比，掉期交易是银行一项较新的业务。目前，我国允许符合条件的外汇指定银行开办不涉及利率互换的人民币与外币掉期业务。我国资产证券化产品自2005年建行发行"建元2005-1"住房抵押贷款证券化产品和国家开发银行发行的基础设施贷款资产证券化产品开始，截至2008年底，全国共有11家机构发行了600多亿元证券化产品。随着次贷危机的爆发，我国资产证券化的脚步有所放缓。我国资产证券化产品不仅规模较小，在产品设计上也存在一定问题,诸如表外证券化不完整、SPV缺位、中介机构职能不完善等。现有的证券化产品中,抵押贷款权益证券化产品(CLO)占了六成以上,住房抵押贷款和不良资产证券化产品比例相当,而其他创新产品则仅有汽车贷款支持证券占约4%。目前,在国际市场交易活跃的利率期权、权益类和商品类场外衍生品、信用类衍生品方面,我国市场还是空白。

目前,我国场外衍生品市场除了产品单一,还存在交易量少、市场流动性差、市场参与者较少等问题,未来我国场外衍生品市场的发展还有很长的路要走。

四、金融业逐步信息化但仍有不足

近年来,我国金融机构电子化装备水平不断提高,电子信息技术在金融业中广泛使用。目前,我国已实现了金融机构资金汇划电子化、证券交易电子化、信息管理电子化和办公自动化,网上银行、网上股票交易等网络金融业务蓬勃发展。但是对于定价和风控较为复杂的衍生品,还缺乏较完善的电子系统,国内很多金融机构还不具备衍生品模型构建和系统开发能力,这也在一定程度上制约了金融创新产品的发展。

第三节 金融创新与金融安全的辩证关系——基于次贷危机的分析

谈到金融创新与国家金融安全的关系,就不得不提到美国的次贷危机。它为我们提供了一个思考金融创新与金融安全的经典案例。

一、次贷危机的历程及主要创新

在2006年之前的五年中,美国住房市场持续繁荣,居民对住房需求很大，房价不断攀升，加上当时美国的利率水平很低，美国的次级抵押贷款市场迅速发展了起来。次级房贷对贷款人的偿债能力要求很低，但能给银行带来较高收益。在此基础上，投资银行、保险公司、基金公司介入，在次级房贷的基础上创造了很多衍生金融产品，以快速获得流动性，取得更多收益。银行在利润的驱动下，不断降低、放宽标准，造成次级房贷质量越来越差；而投资银行、保险公司等金融机构为了自身利益的最大化，无节制地发行衍生金融产品，造成风险逐渐积聚，并且由于衍生产品的作用而成倍放大。自2006年春季起，由于利息上升，贷款者还款压力增大，很多贷款者出现了违约现象，银行难以收回贷款的本息，次贷危机初步开始显现。随后房价的下跌无疑使得市场雪上加霜，由于衍生金融产品的作用，这种危机被成倍的放大，最终一发而不可收。次贷危机使次级抵押贷款机构破产、投资基金被迫关闭、股市剧烈动荡，致使全球主要的金融市场因此出现流动性不足的危机。它不仅严重影响了美国的金融安全，甚至威胁到全球各主要国家的金融安全。次贷危机在一定程度上也是欧债危机的主要诱因之一，迄今已对全球经济造成重大损失。

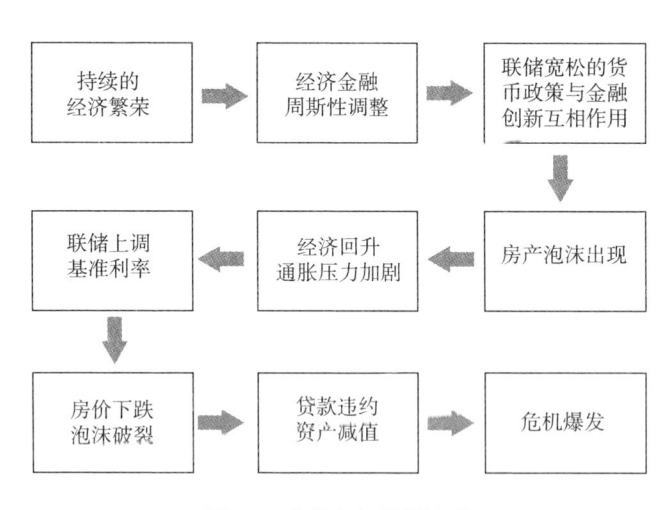

图7-1 次贷危机逻辑演进

有人认为次贷危机是过度创新导致的危机,从某种角度来说的确如此。次贷危机发生的前几年中,美国金融市场的创新主要有以下三个方面:

(一)多层次的住房抵押贷款产品

美国从网络泡沫恢复过来后,房地产价格呈现逐年上涨态势。由于房价上升,加上金融机构利润驱动,房地产金融机构在满足了优质客户的贷款需求后,逐渐放松了抵押贷款标准,并设计多种多样的抵押贷款产品,开发次级抵押贷款市场。在美国住房抵押贷款市场上,房地产贷款机构根据贷款人信用等级的不同创造出多种抵押贷款,分别有优质抵押贷款、可选择优质贷款(ALT-A)和次级抵押贷款。其中最引人注目的就是次级抵押贷款。由于当时美国住房价格上涨很快,使得次级抵押贷款非常盛行。在次级抵押贷款产品中,分为调息抵押(ARMS)、定息抵押(FRMS)、负分期付款(Negative Amortization)和付息抵押(Interest-Only Mortgage),其中最重要、占比最大的就是调息抵押。住房抵押贷款标准的放松和住房抵押贷款产品的创新使得本来无力买房的人具备了置业的可能性,为美国房地产市场的发展与繁荣创造了条件。

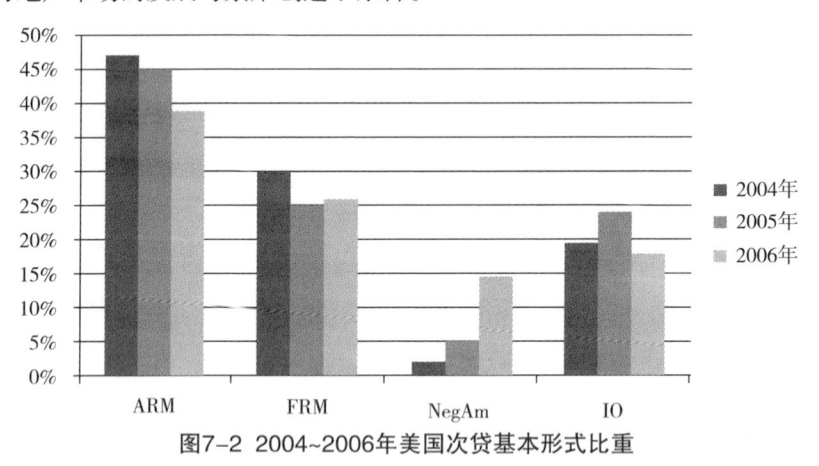

图7-2 2004~2006年美国次贷基本形式比重

(二)资产证券化和担保债务权证

在发放大量房贷后,美国房地产金融公司持有很多住房抵押贷款,它们在未来可以获得稳定现金流但是流动性较差。为了迅速回笼资金，房地产金融机构和投资银行合作，将部分住房抵押贷款从资产负债表中剥离，以此为基础资产发行住房抵押贷款支持证券（MBS）。这个过程就是证券化的过程。证券化的金融产品根据未来偿付优先权的次序不同分为优先级、中间级和股权级。优先级证券化产品的评级最高，而中间级等其他证券化产品的流动性则较差。因此，房地产金融机构在投资银行的帮助下设立特殊目的载体（Special Purpose Vehicle，SPV）。特殊目的载体购买缺乏流动性的中间级 MBS，再以该资产的未来现金流为基础发行债券，即为担保债务凭证（Collateral Debt Obligation, CDO）。之后再对 CDO 进行分级。事实上，CDO 是中间级 MBS 等证券化产品的证券化，是一个再证券化的过程。这些 CDO 经过评级机构的评级后，被卖给了保险公司、商业银行、对冲基金等机构投资者以及个人投资者。CDO 解决了市场流动性的问题，为房地产市场的繁荣作出了巨大贡献，同时也给华尔街的各家金融机构带来了不菲的收益。在 CDO 的基础上，金融机构又创造出信用违约掉期（CDS）这种衍生金融产品。这种产品相当于 CDO 的保险，在一定程度上转移了担保风险，保障了银行资产的安全性。

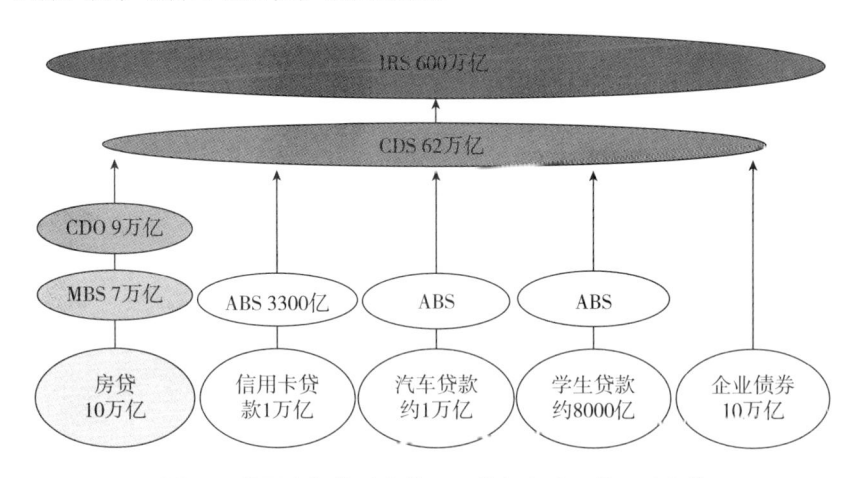

图7-3 美国市场化融资体系下债务和信用传导链条[1]

---

[1] 彭博（Bloomberg）。

（三）创新的财务管理、资本管理和资本运作模式

这一时期，不仅在房地产抵押贷款市场，而且美国整个金融市场在资本运作、财务管理、资产负债管理等方面也有诸多创新。其中有杠杆操作、以市定价的会计记账方法和以风险价值为基础的资产负债管理模式等。

这一时期的诸多金融创新使得美国的金融市场空前繁荣。然而，在人们贪婪地攫取巨大利益的同时也埋下了危机的种子。虽然住房抵押贷款给中低收入阶层带来了购买房产的机会，极大促进了市场繁荣，但美国房地产抵押贷款发放标准一再放松，许多没有收入的人都能获得贷款，在这种情况下，一旦利率上升或房价下跌，借款人无法还贷，金融机构的资金链就会断裂。加之衍生金融产品的高杠杆，在市场良好时能够放大收益，而在市场出现问题则十倍、百倍地放大损失。虽然资产证券化是一种风险转移和风险分散的金融创新，但在美国金融创新产品爆炸式发展的这一阶段，很多金融产品经过了多次证券化，结构十分复杂，很多投资机构并不了解产品的真正定价，而是仅仅依据评级公司的信用评级。那时美国房价逐年攀升，评级机构对于这些金融产品都持有过于乐观的态度，因而导致了证券化产品较高的评级，这些产品引发了投资机构的非理性追捧，造成了风险的积聚，最终带来了市场的脆弱性。

二、金融创新与金融安全的辩证关系

在美国次贷危机爆发以前，传统主流的理论观点都认为：资产证券化等创新性金融工具的出现，有助于促进金融系统的稳定。虽然次贷危机的直接导火索是次级按揭贷款，但使危机不断升级的正是衍生于按揭贷款的创新性证券化产品。因此，人们不禁对主流观点产生了质疑：创新性的资产证券化产品是否有助于金融稳定？金融创新如果本身蕴涵着威胁金融安全的因素，我们又当如何应对？

探讨金融创新与金融安全的辩证关系，就不得不提到金融风险，金融

创新和金融安全通过金融风险联系在一起。次贷危机发生前，学术界对金融创新与金融风险、金融安全的关系的研究主要集中在微观层面，突出强调金融创新在微观层面的积极作用。但是，次贷危机发生之后，学术界认识到了以前对金融创新研究的片面性，开始专注于宏观层面金融创新与金融风险的研究。金融创新产品大多经过一次或多次证券化，具有高杠杆的特征且结构十分复杂，在一定程度上会掩盖其潜在的风险。但是，一旦基础资产出现问题，这种高杠杆的金融创新产品就会产生金融冲击的系统性放大作用，不利于金融体系的稳定。因此，金融创新是一把双刃剑。

一方面，金融创新能够规避金融风险，强化金融安全。金融创新的目的就是转移和分散风险，即强化金融安全。在各类衍生金融产品产生的过程中，首先锁定了投资者的风险，然后形成了由金融机构、投资者、管理者共同承担的风险结构，这在一定程度上降低了风险发生的概率。金融创新在产生新的金融风险的同时也会间接促进金融监管机构不断提高监管水平和风险防范能力，从而有助于金融体系的健康发展和安全运行。

另一方面，金融机构创新的主要动因是逐利。随着金融机构间的竞争日趋加剧，金融机构为了保障利润，不断开发新的衍生产品以绕开监管限制，而监管机构无法及时察觉新的、复杂的衍生产品的潜在风险，监管落后威胁金融安全。另外，很多金融机构为了自身利益不惜冒道德风险，创新出一些质量低下的衍生品（如次贷危机中房贷机构不断降低放宽标准），给金融市场带来新的不确定性。这一系列非理性行为，会催生泡沫，而泡沫破灭时便是灾难的开始。金融创新产品对货币稳定性也会产生一定威胁，主要体现在降低了货币需求的稳定性、增强了货币供给的内生性以及削弱了货币政策的可控性。它改变了人们的持币动机并使得货币需求的决定因素变得更加复杂和不确定。金融创新产品一般具有复杂的结构、高杠杆和不确定的未来现金流，极易造成信息不对称，这样不仅增大了风险发生的概率，也放大了危机的破坏力，导致金融体系脆弱性加剧，威胁金融安全。金融创新对金融安全威胁的另一个方面是，金融创新放大了金融危机的传染性，尤其是近年来出现的交叉持有对方流动性的创新，虽然有利于缓解机构的流动性困境，但它使得流动性渠道网络化，使得金融风险的传染性更强，局部的危机可能引发巨大的整体性危机。

三、由次贷危机引发的对金融安全的思考

此次由美国次级贷款引发的金融危机波及范围之广、破坏能力之大，给全球金融稳定和经济发展带来了严峻挑战，这场危机值得我们深刻反思。

（一）虚拟经济不能脱离实体经济基础非理性扩张

西方资本主义国家几十年来的高速发展与金融支持密切相关，特别是这些国家不断发展资本市场、金融衍生产品等金融创新，极大提高了金融效率，对于产业经济的发展功不可没。但是，这次危机给我们敲响了警钟：金融发展要回归本源，要以实体经济为本，服务于实体经济的发展。一旦二者脱离，则很容易出现系统性风险，最终酿成金融危机。

（二）金融稳定是相对的

在美国次贷危机发生之前，不少人认为只有金融基础薄弱的发展中国家和新兴市场国家才可能爆发金融危机，而这次危机正推翻了这一观点。金融市场完善、金融创新能力强的发达国家也会发生金融危机。而由于其市场规模庞大、金融体系复杂，因而发生危机时产生的破坏力更大，并会波及全球市场。因此，发展中国家要警惕由此产生的外部风险，做好危机的预警与防范工作。

（三）金融安全至关重要，应重点关注金融体系系统性风险

长期以来，西方国家政府倡导自由经济，不过多干预金融市场。而面临此次金融危机，美国政府显然摒弃了这一信条，为了稳定市场、保障金融安全，频频出手，甚至不顾及道德风险。由此可见金融安全之于国家安全的重要性。从全球金融危机来看，金融体系的系统性风险正在成为金融安全的重要威胁，因此，一定要十分重视系统性风险的监管。

（四）应加强宏观审慎金融监管

在金融创新产品层出不穷的今天，金融监管工作面临严峻的挑战。许多复杂的金融产品和金融业务在监管机构的视线之外，为了保障金融稳定，保证金融安全，应该强化金融监管的作用，尤其针对金融创新的监管应该有新思路、新方法。

第四节　在金融创新中寻求金融安全的对策

金融创新对于金融安全是一把双刃剑，我国应该吸取美国次贷危机的教训，在推动金融创新的同时切实保障金融安全，这有赖于金融中介机构和金融监管机构的共同努力。

一、在金融创新中寻求金融安全，有赖于金融中介机构自身的努力与探索

（一）金融机构应自觉加强信息披露，解决金融创新中的信息不对称问题

复杂的金融创新工具对信息的要求非常高，只有充分披露金融创新产品的信息，投资者才能更清楚地认识到金融创新产品的风险，并据此作出理性的投资决策。因此，金融机构应自觉加强信息披露，不仅要充分披露金融创新产品的相关信息，而且要充分利用如网站、报纸等各种渠道进行披露，扩大受众人群。

（二）金融机构应不断提高自身风险管理水平，切实保障金融安全

金融创新也会产生一系列新的金融风险，这就要求金融机构自身要提高风险管理意识。金融机构应该对金融创新产品的安全性、流动性和营利性有充分的认识，并有效甄别金融资产的潜在风险，充分考虑市场风险、信用风险、操作风险和流动性风险等各种风险类型。在不断创新的同时，

对经营风险进行动态监测和评估,采取相应的防范措施,建立起有效的风险预防体系和严格的后续监督机制。对各个环节从工作方法、制度建设直至整个经营过程予以强化,并根据创新业务不同品种,实行分类监控,还要做出防范和化解金融风险的应对措施。对一些投机性极大、我国还不具备发展条件的金融创新应严格控制,审慎发展。

(三)金融机构应立足培养高层次的金融人才,不断推进金融创新

金融创新对从业人员的要求极高,它要求从业人员既要有扎实的理论知识,同时还要有丰富的实践经验。目前,我国金融机构的这一类人才相对比较缺乏。因此,加快金融人才的培养至关重要。金融机构不能只注重吸引人才,更应该营造良好的环境留住人才、培养人才,最大限度地挖掘员工潜能,调动员工的工作积极性,提高工作效率。此外,金融机构还应建立长期、合理的人才培训计划。金融行业的发展日新月异,唯有不断学习,才能掌握最新的金融动态,推动金融产业的不断创新。最后,金融机构还应努力构建科学合理的激励机制,留住人才,提高工作效率。

二、在金融创新中寻求金融安全,要依靠金融监管机构的有力监管

(一)不断完善金融业的相关法律法规,使监管做到有法可依

我国金融业的有些法律并不适合目前我国金融业的现状。如我国的《商业银行法》是中国人民银行于1995年颁布,2003年进行了修改。当前经济环境变化迅速,现行法规与商业银行的经营环境发展已呈现出较大的不适应性,这在一定程度上束缚了商业银行的创新能力。因此,监管机构应以我国金融业发展现状为基础,健全和完善金融法律、法规,促进金融创新的健康发展。金融监管法律应致力于为金融创新提供公平的市场环境。现在国有商业银行、中小商业银行和外资银行并不具有相同的市场待遇,如:有关部门指定某些存款必须存入国有商业银行;中小商业银行不能参与证券、基金类的业务领域;某些银行开展业务方面的人为限制;中外银

行的税率并不一致,无法平等享受国民待遇等。这些规章制度破坏了进行金融创新应用的环境,应该按照公平竞争的原则加以改革。

(二)监管机构应强化金融机构的信息披露及风险控制

金融行业本身就具有高风险的特征,金融创新产品的风险问题尤为突出。而信息透明度的提高是解决风险问题的有效途径。因此,监管机构应制定相关的法律法规,建立和完善金融信息的披露制度,提高金融机构经营和运行情况的透明度,对监管方式从如今的"行为管理"过渡到"准则管理"。并且严惩提供虚假信息和隐瞒不报的行为,切实保障信息披露质量。

另外,在全球金融不断一体化发展的今天,金融机构业务相互交叉渗透,跨市场交易的金融衍生工具不断增多。在这种情况下,金融风险具有很强的传导性,因此,监管当局全局性的、统一性的风险监管尤为重要。监管机构应在分业管理的原则下制定规章制度,使银行、证券、保险三方明确在合作中各自应遵守的规则,降低各自的政策风险。

(三)要不断发展和完善金融监管体系,丰富监管方法

美国的次贷危机对我国金融监管机构有着重要启示,金融创新在促进了金融资源的优化配置的同时也形成了新的金融风险,所以建立完善的金融监管体系至关重要。首先,监管当局要改变现有的监管理念和监管模式,在金融全球化和金融创新的大背景下,我国实行的传统的监管模式已经远远不能满足金融行业发展的要求。监管机构需要根据金融创新产品的特点设计具有针对性的科学的监管体系,同时对金融机构的资本充足率、资产质量和表内表外业务也要给予重点关注。其次,监管机构也应对离岸金融、税收天堂、私人股权基金、对冲基金等制定具有针对性的监管措施。最后,监管当局应当及时追踪金融创新热点,不断提高自身监管能力,使监管能力与金融创新保持动态协调,切实维护国家金融安全。

(四)监管机构应不断鼓励金融机构推进金融创新,使之成为规避金融市场风险的有效手段

我国金融市场的发展应始终把金融创新作为规避金融风险、保障金融

安全的落脚点。从我国现状来看，金融创新产品还不够丰富，并未完全发挥金融创新产品提供流动性、分散、规避风险的作用。"创新，风险，监管，再创新"是一个动态发展的过程。金融创新不应仅包括金融机构、金融产品的创新，还应包括金融机构改善风险管理方式、监管当局创新监管方式等。只有各层面的金融创新共同繁荣发展，那么金融创新才能够有效地保障并促进金融安全。

第八章　宏观审慎监管与金融安全

早在 20 世纪 70 年代末，国际清算银行（BIS）就开始使用"宏观审慎"的概念。宏观审慎监管将整个金融体系看做一个完整的系统，重点关注那些对金融稳定具有系统重要性影响的金融机构和金融市场，采取针对性的逆周期监管措施进行调节，维护金融体系的健康运行。

第一节　宏观审慎监管思路的提出

源于 2007 年美国次贷市场的危机从虚拟领域向实体经济迅速蔓延，并很快波及世界各国，演变成一场全球性的国际金融危机，给各国的经济发展造成不同程度的冲击，世界各国对危机过后的金融安全保卫战提出了不同的思路，宏观审慎监管已成为当今金融监管领域的热门话题，得到学术界和政策制定界的广泛关注。

宏观审慎监管将整个金融体系看做一个完整的系统，重点关注那些对金融稳定具有系统重要性影响的金融机构和金融市场，采取针对性的逆周期监管措施进行调节，维护金融体系的健康运行。追究宏观审慎监管的由来，其实早在 20 世纪 70 年代末，国际清算银行（BIS）就开始使用"宏观审慎（Macro-prudential）"的概念。在 1986 年，宏观审慎监管一词正式出现在国际清算银行的文件中，虽然已认识到仅仅从微观上加强金融机构个体的审慎监管不足以维持金融系统的长久稳定，但那时资产证券化还没有大规模开展，金融分业经营也比较明显，金融风险还主要集中于银行，风险的种类也没有如今这么复杂多样，加之金融全球化程度不深，单个银行的稳健已足能维护整个金融体系的稳定，因此这一理念并不为人所关注。然而，随后爆发的亚洲金融危机在一定程度上暴露出宏观监管缺失所造成的监管漏洞。1998 年，国际货币基金组织（IMF）提出了"宏观审慎分析"概念，建立"宏观审慎指标"，用于评估系统脆弱性，并将其纳入金融部门评估项目（FSAP）。2000 年，国际清算银行总经理安德鲁·奈特在国际银行监管机构会议上，全面阐述了宏观审慎监管方法。2003 年，国际清算银行经济学家博里奥（Claudio Borio）首次提出了金融监管的宏观审慎框架的构建问题，White（2004）提出了宏观审慎政策的框架问题。宏观审慎监管开始从学术概念走向监管实践，但并未形成宏观审慎监管的严密框架。

直至2008年始于美国次贷危机的全球性金融风暴爆发后，关于此次危机的起因、扩散机制及相关经济后果，从学术界到政策制定者都在进行深度反思。金融机构"大而不能倒"等系统性问题受到广泛关注，宏观审慎监管缺位以及未能通过宏观审慎监管控制系统性风险所造成的监管失灵，已被广泛认为是导致危机发生的重要原因之一。2009年4月，G20伦敦峰会发表的《强化合理监管，提高透明度》报告指出，宏观审慎监管作为微观审慎和市场一体化监管的重要补充，在金融全球化不断加深的今天应得到补充和加强。各国监管机构应加强协调和信息沟通，推动全球层面的宏观审慎监管合作。峰会同时宣布将原来的世界金融稳定论坛（FSF）改组为世界金融稳定理事会（FSB），负责评估全球不同国家的金融系统性风险。此后，2009年6月19日，欧盟理事会通过了《欧盟金融监管体系改革》方案，决定加强宏观审慎监管。2010年9月2日，欧盟各国谈判代表就新的泛欧盟监管体系达成协议，决定成立欧盟系统风险委员会（ESRB），由其负责制定一套统一的标准，打破各成员国之间在金融监管领域的分割，实现欧盟层面的统一监管。2009年7月8日，英国财政大臣公布了《改革金融市场》白皮书，提出建立金融稳定理事会（CFS），全面监控英国金融业的风险并负责金融体系的稳定。2010年7月21日，美国总统奥巴马签署了《2010年华尔街改革和消费者保护法》，法案的核心理念之一就是加强宏观审慎监管，维护金融体系稳定。为了加强对金融机构、金融市场和金融产品的全方位监管，联邦政府将组建金融稳定监督委员（FSOC），负责识别和防范影响金融稳定的系统性风险。除此之外，金融稳定理事会（FSB）和巴塞尔银行监管委员会（BCBS）推出的宏观审慎监管政策，从宏观审慎监管工具上给出了具体的标准和要求，进一步完善和规范了宏观审慎监管的实施。至此，宏观审慎监管已不再仅仅是理论界的学术问题，而是成为国际社会和各国金融监管当局付诸实践的课题。

第二节　宏观审慎监管的理念与做法

一、宏观审慎监管的定义

目前，全球范围内还未对宏观审慎监管形成统一、明确的定义，而且宏观审慎框架和内涵还在进一步研究和探索中。早在2000年9月，时任国际清算银行行长、金融稳定论坛主席的科罗克特（Andrew Crockett）在金融稳定论坛的演讲中就对宏观审慎监管进行了阐述。他认为，金融稳定包括微观层面的稳定和宏观层面的稳定，为保持微观层面的稳定需要以单个金融机构为监管对象的微观审慎监管，为防范金融体系的系统性风险则需要宏观审慎监管。微观审慎监管控制风险的方法是自下而上的，主要考虑单个金融机构的风险，而忽视了金融机构风险的相关性或是整个金融系统的内生性风险。所以，仅凭微观审慎监管维持单个金融机构的稳健经营并不能保证整个金融体系的安全。

一般来说，宏观审慎监管是一个相对于微观审慎监管的概念，主要着眼于金融市场参与者之间的相互影响和金融机构的整体行为，同时关注宏观经济波动和金融体系的互动。是指金融监管当局为了降低金融危机发生的概率及其带来的财政成本、产出损失和维护金融安全和稳定，从金融体系整体而非单一机构角度实施的监管。在此框架下，监管当局对风险的控制手段是自上而下的，其对金融体系的各个组成部分的重要性进行评估，关注风险的相关性和金融机构的共同风险暴露，以分析金融机构同时倒闭的可能性及其给整个金融体系带来的风险。通过分析和监测，找出对金融体系产生重大不利影响的系统性风险，通过宏观压力测试等方式评估这些风险对金融稳定产生的影响，由此采取有效措施防范和控制系统性风险的累积，从而达到确保整个金融体系的安全稳定，减少金融危机带来的宏观经济损失的目标。

二、宏观审慎监管的两个维度

通过宏观审慎评估金融体系整体风险的视角和方法可谓多种多样，一般来说可以从以下两个维度分析：其一是关注特定时间点的跨行业风险，其二则重在分析风险的未来走势。这两个方面也是系统性风险主要产生的途径。

（一）空间维度

空间维度是从一个横截面考察金融体系的内在风险，主要关注在某一个时间点上不同行业的风险分布情况。实施宏观审慎监管的关键在于处理特定时间内金融机构共同的且相互关联的风险暴露。这些风险暴露既可能是这些机构在相同或相似资产类别下的直接风险暴露，也可能是它们之间的业务交叉而导致的间接风险暴露。如果一家金融机构的风险敞口集中于某个行业，那么这家金融机构将面临着巨大的潜在风险。对整个金融系统也是如此，即使单独来看一家金融机构的风险敞口并未集中于某个行业，但如果市场上金融机构都持有相似的风险敞口，整个金融体系同样也会面临巨大的风险。这种"羊群效应"所导致的风险是微观监管无法解决的问题。从这个角度看，必须特别关注各家金融机构的投资组合和金融产品风险之间的关联性。

还有一点要说明的就是宏观审慎监管是要针对所有金融机构的。这样一来，实施跨行业维度就意味着对有可能引起系统性风险的行为给予更严格的监管——例如对金融性房地产的借贷进行更严格的控制，这是因为当资产价格下跌的时候，金融性房地产会使得借款人与银行都遭受惨重损失。因此，跨行业维度的主要政策问题就是如何制定审慎监管框架，将整个金融体系风险损失控制在局部，从而有效避免系统性风险，确保金融体系的安全与健康发展。

（二）时间维度

从时间角度出发，宏观审视监管关注金融体系的内在风险如何随时间的变化而变化。其中主要就是处理金融体系中的顺周期性。顺周期性是指因金融机构的逐利行为放大经济金融周期的现象。危机爆发之前，持续性地对市场的良好预期使得市场参与者对风险的评估过于乐观，市场整体对风险的承受能力随之升高，风险偏好加大，导致资产负债的比例失衡。这种金融失衡不能无限期的持续下去，当市场受到某种外部冲击激发，危机就会以资金流动性短缺的形式出现，并随着市场参与者信心的不断丧失而变得愈发严重。

对金融系统的顺周期性，可以从以下三个方向调节和规避。第一，建立逆周期资本缓冲机制，通过引入针对宏观系统性风险的具有逆周期特征的资本要求，促使银行在经济上行阶段增加资本，建立缓冲机制，供其在经济下滑、贷款损失增加时使用。第二，建立前瞻性和逆周期的贷款损失拨备，通过采用跨周期的拨备计提方法，提高拨备计提的前瞻性。第三，改革公允价值会计准则。虽然公允价值在具体实施过程中产生了顺周期性的问题，但是它仍然是目前能够找到的最恰当的资产计价方式。因此，必须进一步明确在不活跃市场运用公允价值原则的指引，限制其在不活跃市场中的运用，防止由于市场的低流动状态而出现的低价出售行为作为估值的基础。同时，也应当对这些使用公允价值存在困难的金融工具建立估值储备或进行估值调整，增强信息披露透明度。

三、宏观审慎监管体系

在实践中，宏观审慎监管当局应承担以下三个方面职责：首先是事前预警识别系统风险，即建立一套合理有效的机制，及时发现、监测和计量系统风险及其潜在影响；其次是降低系统风险的发生概率，即通过有效利用宏观审慎政策工具，提高监管标准和针对性监管措施等，预防系统风险爆发；最后是通过金融监管政策和宏观调控政策的有效配合，防止系统性风险的生成、积累和爆发，缓解对金融体系和实体经济的溢出效应，尽可能降低经济损失。相对应的，宏观审慎监管体系应包括宏观审慎分析、宏观审慎工具运用和宏观审慎政策选择三大要素。

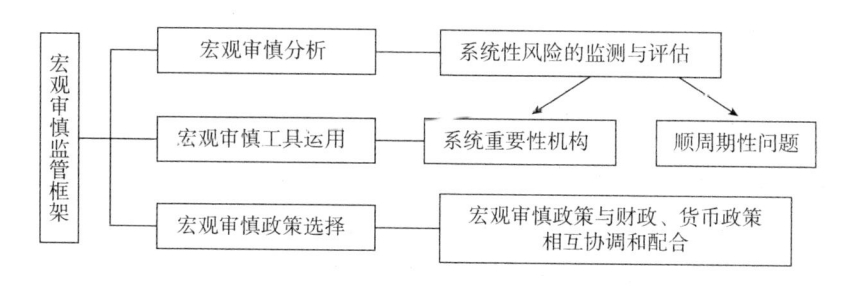

```
                ┌── 宏观审慎分析 ────── 系统性风险的监测与评估
宏观              │                            ↘        ↘
审慎              │
监管 ────────────┼── 宏观审慎工具运用 ── 系统重要性机构   顺周期性问题
框架              │
                └── 宏观审慎政策选择 ── 宏观审慎政策与财政、货币政策
                                         相互协调和配合
```

图8-1 宏观审慎监管框架

（一）宏观审慎分析

宏观审慎分析是指运用一定的指标、体系或是方法，开发金融体系的早期预警指标及宏观压力测试体系，衡量金融体系的健康状况，及时发现和监测出威胁金融体系安全的系统性风险的存在，并对其进行分析、监测和评估。目前，世界各国、各组织都对宏观审慎分析的方法和技术作出了一定的探索和努力，对宏观经济周期的趋势和金融体系整体风险分布提出了各自的判断思路与方法。例如，2009年4月2日在伦敦举行的20国集团（G20）金融峰会决定，将金融稳定论坛（FSF）更名为金融稳定理事会（FSB），负责制定和实施促进金融稳定的监管政策和其他政策，及时评估金融系统的脆弱性，以解决金融脆弱性问题。2009年4月，国际货币基金组织在其所发布的《全球金融稳定报告》中介绍了用于系统性风险分析和预警的四个模型：网络模型、CO-RISK模型、危机依存度矩阵模型和违约强度模型。目前，金融稳定理事会和国际货币基金组织也在联合研究早期的系统性风险预警机制，各国监管当局也提出了一些宏观审慎的分析方法。总的来说，宏观审慎分析应当立足于本国的经济金融热点和形势，采取适合本国国情的框架、体系或指标，同时也应加强各监管部门的合作，以形成良好的组织安排，提高信息共享和分析的效率，及时监测系统性风

险的情况。

(二) 宏观审慎工具运用

宏观审慎工具是为了实施宏观审慎政策和防范系统性风险，对已有的宏观调控工具、微观监管工具、财务会计工具的功能组合、叠加或是调整。并非只由某一机构单独使用，而是由不同的监管部门分别掌握和运用，是宏观审慎政策实施的载体。对应于宏观审慎监管的两个维度，宏观审慎的工具也可以从空间和时间两个方面划分和确定。

首先，从空间即针对风险的机构跨度，监管当局关注某个特定的时点系统性风险在不同行业金融机构的分布情况，根据特定的金融机构对整个金融体系的风险贡献率适当调整审慎监管标准，即对系统重要性金融机构的特别措施，一方面减少它们的系统相关性，可以通过隔离相关业务活动实现；另一方面降低系统重要性金融机构破产的概率，可以通过附加的审慎性监管要求实现。除此之外，改进交易对手风险计量、建设坚实的市场基础、保护金融消费者利益等也是从跨行业角度出发可以采用的宏观审慎政策工具。其次，风险的时间跨度，针对主要需要解决的金融体系中的顺周期性问题，根据风险聚集的不同时段，调整宏观审慎监管工具，采用逆周期的监管思路和政策工具，比如逆周期资本要求、逆周期拨备要求、压力测试、杠杆率指标和相机抉择的政策工具，以缓和外部规则的顺周期性。

巴塞尔委员会提出的《巴塞尔协议III》的改革框架中也从防范系统性风险的高度提出了一系列宏观审慎管理的工具。在应对顺周期性方面，一是提出资本留存缓冲的要求。当缓冲接近最低资本要求时，将限制银行的收益分配，促使银行通过内部积累提高资本实力。二是提出逆周期资本缓冲的国际统一标准，要求银行在信贷扩张时期建立更具前瞻性的资本缓冲，在危机时使用，降低整个银行体系的顺周期性。在加强系统重要性银行监管方面，要求系统重要性银行应在最低资本要求的基础上具备更强的吸收损失能力。从多方面采取不同的政策工具，确保金融安全，为各国的宏观监管提出了完善的思路和体系。

（三）宏观审慎政策选择

宏观审慎的政策选择是指监管当局根据监测出的潜在系统性风险状况，研究选择和实施相应的政策措施，进行及时调整，统一协调安排，最大限度地避免损失，在促进经济增长的同时维护金融系统的安全与稳定。我们依旧从宏观审慎的两个维度考虑宏观审慎的政策选择问题。针对跨行业风险方面，根据不同金融机构对金融系统性风险的贡献情况确定系统重要性金融机构，对该类机构制定严格的规则，例如，可以收取系统性风险费和其他的费用。由于金融市场形势的变化，系统重要性金融机构可能也有变化，针对跨行业风险的规则也可能在不断变化，这就要求监管当局对于此类风险的监管措施有一定的灵活性。而针对风险的时间跨度，考虑采取逆周期调节机制。在经济繁荣上升期未雨绸缪，增加资本要求，约束信贷的过度增长，防止资产泡沫累积；在经济萧条时降低资本要求，平滑经济波动，促进经济的复苏。

宏观审慎政策选择不仅包括金融政策的实施，而且包括货币政策、财政政策、汇率政策等宏观经济政策的有效配合，才能达到宏观审慎政策防范系统性风险、保证金融安全的目标。目前，通过加强宏观审慎监管，同时加强宏观审慎监管与货币政策、财政政策等相关产业政策的协调配合来实现经济与金融稳定目标已成为国际上的基本共识。各国加强宏观审慎政策安排的研究，积极开展实践探索，使宏观审慎的理念全面贯彻到金融监管和宏观调控当中，对推进宏观审慎监管十分重要。

第三节 宏观审慎监管的国际比较与借鉴

在金融全球化不断加深的21世纪，一国金融体系的安全与稳定已不完全是该国国内的监管措施或经济政策所能左右的。尤其是2008年国际金融危机爆发之后，加强宏观审慎监管、防范系统性风险已成为世界主要国家纳入金融改革领域的重要议题。对于如何构建一个健全的有效防范金融体系的系统性风险的宏观审慎监管框架,世界主要国家和地区作出了各自的创新和努力,提出了相应的宏观审慎监管框架的构建方式。目前,我国也在积极构建适合中国国情并与主要发达国家接轨的宏观审慎框架,适当地借鉴国际经验有助于我们自己体系的构建。这里,我们给出比较有代表性和借鉴意义的美国、欧盟及英国的宏观审慎监管体制的比较与分析。

一、美国的宏观审慎监管体系

次贷危机爆发后,美国开始对原有的金融监管体系进行反思和改革。美国国会参议院于2010年7月15日以60票赞成、39票反对的结果通过了金融监管改革法案——《多德—弗兰克华尔街改革与消费者保护法案》,7月21日,美国总统奥巴马签署金融监管改革法案,使之成为法律,从金融机构监管、金融市场监管、消费者权益保护、危机处理和国际合作等方面构筑安全防线,标志着历时近两年的美国金融监管改革立法完成,华尔街正式掀开新金融时代序幕。这是美国自20世纪30年代大萧条以来最深入、最彻底、影响最为深远的一次金融监管改革,意在建立一套有效防范系统性风险的体制,加强和改进金融规制与监管。

针对完善宏观审慎监管,这次改革着重强调了以下内容:

第一,成立金融稳定监管委员会,负责监测和处理威胁国家金融稳定的系统性风险,并为系统重要性的支付、清算和结算体系设定风险管理标准。该委员会共有10名成员,由财政部长牵头。委员会有权认定哪些金融机构可能对市场产生系统性冲击,从而在资本金和流动性方面对这些机构提出更加严格的监管要求,同时为美联储提供咨询,根据金融企业的规模、杠杆率和相互连接情况协助美联储识别对金融体系具有巨大影响的系统重要性金融机构,使其能够接受美联储的统一监管。

第二,对系统重要性机构加强监管。系统重要性机构以其大型、综合、高杠杆率等特性,在金融系统中具有牵一发而动全身的影响。在2008年金融危机中，雷曼兄弟等大型金融机构的破产成为次贷危机的导火索就是一个很好的例证。为了加强对这些机构的监管，新的金融改革法案将这些机构经常运作又缺乏监管的场外衍生品市场纳入监管视野。大部分衍生品须在交易所内通过第三方清算进行交易。并设立新的破产清算机制，由联邦储蓄保险公司负责，责令大型金融机构提前做出自己的风险拨备，以防止金融机构倒闭再度拖累纳税人救助。

第三，在宏观审慎监管层面，强调无疏漏的全面监管，授权美联储监管所有可能对整个金融体系造成系统性风险的机构，重视各监管机构政策和权利的制衡与协调，提高监管效率，并注重国际监管新形势，从全球层面建议巴塞尔银行监督管理委员会与国际清算银行一起开发新的宏观审慎监管工具，全方位做好宏观审慎监管工作。

二、欧盟的宏观审慎监管体系

金融危机爆发以来，欧盟现行的金融监管体系备受指责，冰岛银行的破产更是反映出现行跨境监管合作的缺陷。作为金融危机爆发后重要的改革举措，欧盟理事会在2009年6月19日通过了《欧盟金融监管体系改革》，旨在打破成员国在金融监管领域各自为政的现有格局，实现欧盟层面上的统一监管，以顺应金融活动日益超越国界的需要，便于今后及早发现风险苗头，更有效地约束跨国金融机构。改革计划最核心的内容就是新设立两套机构，分别加强宏观和微观层面上的金融监管。在宏观层面上，成立了一个主要由成员国中央银行行长组成的超越参与国监管当局的欧洲系统性风险管理委员会，负责监测整个欧盟金融市场上可能出现的系统性风险，及时发出预警并在必要情况下提出建议，体现了欧盟从宏观审慎角度对系统性风险的监控，开创了欧盟宏观金融监管的先河。

2010年9月22日,欧洲议会审查并批准了欧盟金融监管体系改革法案。一个由欧洲系统性风险管理委员会和欧洲监管局组成的泛欧金融监管体系开始运作。根据法案，在宏观上，欧洲系统性风险管理委员会负责整个欧盟系统性风险的监测与预警，并在必要情况下提出相应的应对措施和建议。负责宏观审慎监管层面的欧洲系统风险监管委员会（ESRB）由中央银行主席领导，其下由三个部分组成，分别是欧洲中央银行总理事会成员（由27个成员国中央银行行长组成）、欧洲银行监管当局局长、欧洲保险和养老金监管局局长、欧洲证券市场监管局局长和欧盟委员会的一名代表。

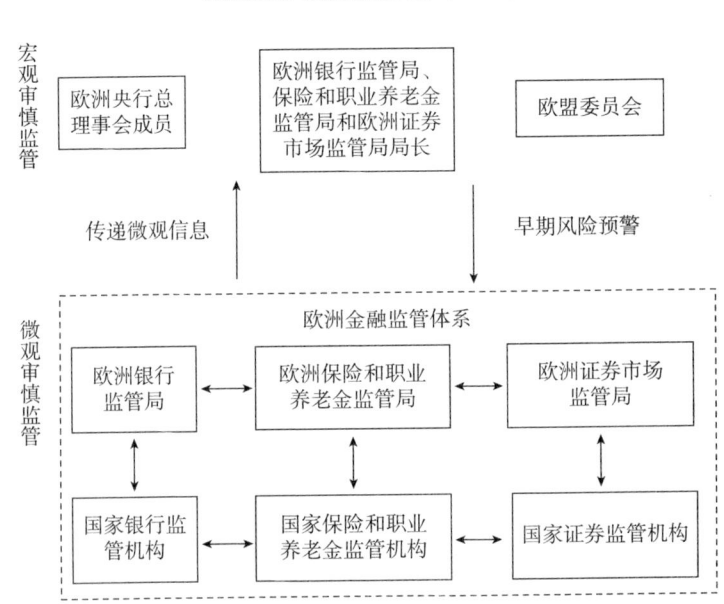

欧洲系统风险监管委员会（ESRC）

图8-2 欧盟宏观审慎监管与微观审慎监管框架[1]

在微观上，欧盟成立了银行业、证券与市场、保险与雇员养老金三个超国家的金融监管局，分别负责对银行业、证券市场和保险业实施监管。两个层面相结合，加强审慎监管体系的构建，确保欧盟区域的金融安全。二者的衔接方式是欧洲金融监管体系（ESFS）通过对微观信息的收集，

---

[1] J.Delarosiere The High-level Group on Financial Supervision in the EU [Z].Available on the Website of the European Commission, 2009.

将微观审慎监管领域的问题传递给欧洲系统风险监管委员会（ESRC），而欧洲系统风险监管委员会则通过对欧盟区域内整体宏观经济信息的判断，对可能产生系统性风险或威胁金融体系稳定的风险通过早期风险预警的方式传递给欧洲金融监管体系，以便其作好后续应对方案。在实际监管过程中，各类主要监管规则、技术标准、法令、条例等还是由各国监管当局自行决定。这种分裂的监管体系给欧盟单一市场的整体性发展带来了严重的掣肘，金融体系的不稳定性也不断增加。欧洲金融监管体系的建立最根本的目的是对上述问题进行整合，强化各国监管规则、标准的一致性，以此来提高欧盟各成员国金融监管的效力。

三、英国的宏观审慎监管体系

在欧美竞争压力下，英国在全球金融的地位一直受到威胁。自2007年夏天，始于美国的次贷风暴，迅速演变成为21世纪全球第一次严重的金融危机。主要发达国家，如美国、德国、法国都卷入旋涡，而英国更是出现了令人难以置信的银行挤兑危机。金融监管是确保金融安全的第一道关卡，对于一国的金融稳定有重要意义。为此，英国在2009年2月、3月和7月先后公布了《2009年银行法案》《特纳报告》和《改革金融市场》白皮书。三份文件弥补了原有监管体制中对宏观审慎监管和系统性风险监管的缺失，大致构建出英国的宏观审慎监管框架，充分表达了要加强宏观审慎监管的决心。具体的宏观审慎监管机构设置如图8-3所示：

我们可以看出，首先，是监管机构的设立和监管权力的制衡。英国金融监管改革方案提出要建立金融稳定理事会（CFS），以定期会晤的方式，通过对一些关键性报告的讨论和评估来测度系统性风险，并提出应对方案。另外，此项改革赋予英国的中央银行——英格兰银行更大的权力。除了当前的货币政策权之外，中央银行还将承担防范系统性风险以及对英国金融业日常监管等职责，监管范围包括在伦敦金融城营业的国外公司。英格兰

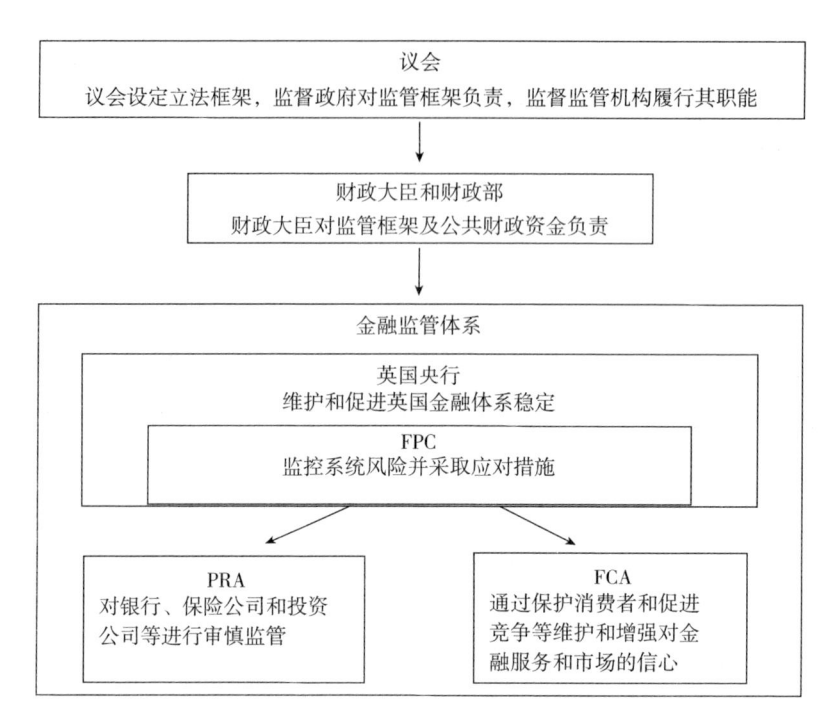

```
┌─────────────────────────────────────────────────┐
│                     议会                         │
│  议会设定立法框架，监督政府对监管框架负责，监督监管机构履行其职能  │
└─────────────────────────────────────────────────┘
                        ↓
┌─────────────────────────────────────────────────┐
│              财政大臣和财政部                      │
│       财政大臣对监管框架及公共财政资金负责            │
└─────────────────────────────────────────────────┘
                        ↓
┌─────────────────────────────────────────────────┐
│                  金融监管体系                      │
│  ┌───────────────────────────────────────────┐  │
│  │              英国央行                      │  │
│  │      维护和促进英国金融体系稳定              │  │
│  │  ┌─────────────────────────────────────┐  │  │
│  │  │             FPC                     │  │  │
│  │  │    监控系统风险并采取应对措施          │  │  │
│  │  └─────────────────────────────────────┘  │  │
│  └───────────────────────────────────────────┘  │
│         ↙                        ↘              │
│  ┌──────────────┐          ┌──────────────────┐ │
│  │    PRA       │          │     FCA          │ │
│  │ 对银行、保险公司│          │ 通过保护消费者和促进│ │
│  │ 和投资公司等进 │          │ 竞争等维护和增强对 │ │
│  │ 行审慎监管    │          │ 金融服务和市场的信心│ │
│  └──────────────┘          └──────────────────┘ │
└─────────────────────────────────────────────────┘
```

图8-3 英国宏观审慎监管框架图

银行成立一个独立的金融政策委员会（FPC），主要职责就是负责宏观审慎监管，维持金融系统的稳定性，掌握宏观政策工具。还成立了一个以促进金融公司的稳定性为首要目标的下属机构审慎监管局（PRA），负责微观层面对存储机构、保险公司、投资公司的具体监管。其次，从宏观审慎监管的两个维度出发，提出防范系统性风险的措施，对系统重要性金融机构和金融体系的顺周期性进行宏观审慎监管。从跨行业维度，英国金融改革提出要设定一个金融机构总杠杆比率的最高上限，对银行资本的数量和质量实施的要求将会提高，对交易资本的限制也会更加严格。从跨时间维度，即针对金融系统顺周期性，英国决定建立逆周期的资本缓冲机制，在对银行信贷的风险评估上，用"全周期"法取代"时点"法对信贷风险进行评估，并通过压力测试等方法加强流动性监管。总的来看，虽然三大改革方案出台的背景和目标不尽相同，在具体措施上也存在着一些差异，但它们都反映了全球金融监管发展的大趋势，体现了G20伦敦峰会的精神。在各自的改革方案中，都突出了宏观审慎监管的重要性，反映出全球金融监管的一个转变，即在微观审慎监管的框架中如何适应本国的国情，再构建宏观审慎监管的思路和体系，以完善本国的监管体系，这些尝试和做法对中国金融界的监管具有一定的借鉴意义。

第四节　贯彻宏观审慎监管思路　强化我国金融安全

2008年的金融危机让我们看到系统性风险所带来的多米诺骨牌效应，至今令人心有余悸，系统性风险的触及面值之广，后果之严重，以及它强大的传染力和破坏力在这次美国金融危机中得到了印证。客观上要求宏观审慎监管的介入，对系统性风险加强防范。而在我国，金融机构同质性比较强，大型国有商业银行在金融市场中占据主导地位，虽然它们背后有着强有力的国家政策支持，但是市场化是金融发展的必然趋势，金融机构的同质性加剧，必然会造成金融系统的不稳定性。从这两方面看，确保我国的金融安全，迫切需要宏观审慎思路的引入与科学实施。

在我国，宏观审慎监管是一个相对较新的概念。周小川在《宏观审慎政策：亚洲视角高级研讨会（2010）》上指出，为了避免各种歧义，宏观审慎政策可以简单理解为资本要求、资本缓冲、流动性、杠杆率等。从总体来看，宏观审慎政策首先是逆周期政策；其次是应对"羊群效应"等市场失效现象，使整个金融市场更加稳健，金融市场参与者更加谨慎；最后是全球化下金融市场迅速发展、金融产品和交易日趋复杂，需要制定和实施更广泛的国际标准。加强宏观审慎监管，确保金融安全是现在各国争相探索实践的新课题，作为新兴经济体国家，我国应当在充分借鉴宏观审慎监管的国际经验与成果的同时，立足目前的经济、金融状况以及监管体制和组织架构，逐步构建出适合本国国情的、行之有效的宏观审慎监管框架。在实践中，宏观审慎监管的制度安排可以主要关注以下几个方面：

一、确立宏观审慎监管的主体与客体

贯彻实践好宏观审慎监管思路,首先应当明确监管的主体机构,这是构建我国宏观审慎监管框架的体制基础。早在 2003 年,我国就确立了银、证、保分业经营、分业监管的格局,虽然中国人民银行在总体上负有"防范和化解金融风险,维护金融稳定"的职责,但存在明显的职责与相应权力不对称的情况,银行、证券和保险业的监管权分别赋予银监会、证监会和保监会,而三者虽在微观监管方面起到了显著的作用,但是在宏观监管层面因其自身缺乏必要的宏观审慎监管的意识,无法单独担负起监管主体的职责。借鉴国际经验,可以通过改组现有监管机构或者新设机构的方法确立宏观审慎监管主体。但是,我国与欧美等经济体的国情和经济发展状况存在很大不同,与之相比,我国金融管理架构的重大优势是党中央、国务院的权威能够保证政策有效协调,应急处理能力突出。因此,需要结合我国的特点确定监管主体。首先,应明确中国人民银行、银监会、证监会、保监会的职责与权力,统一监管标准,减少监管套利,解决监管交叉和监管空白并存的现象,完善好以类别机构为对象的微观监管,形成微观的监管合力,促进宏观审慎监管的实施。其次,在以上基础上,可以建立一个由中央政府牵头、多家监管机构参与、多角度全方位负责的宏观审慎监管协调机制,既能合理分配金融资源,全面协调各部门行动,加强信息沟通与交流,又能利用政府权威保证政策有效实施,从而更及时、有效地监测系统性风险。最后,应在金融监管机构之间、金融监管机构与其他机构之间、境内和境外监管主体之间,建立跨境监管协调机制,三方面共同努力,对系统风险开展全面监管,确保我国金融体系的安全与健康发展。

反思 2008 年的金融危机,大量推陈出新的金融衍生工具及影子银行(主要从事银行证券化业务的游离于金融监管体系外的金融机构)对危机的爆发和蔓延都难辞其咎。虽然中国在总体上经受住了这次危机的考验,客观上避免了损失,但主要是因为中国的金融体系的市场化和开放程度不高，金融创新度不够，金融工具单一。而未来的中国，金融创新仍将是我国的发展主线，相应的，也就更需要扩大宏观审慎监管范围，将创新性金融衍生工具和影子银行之类的金融机构纳入监管范围。此外，宏观审慎监管是从金融系统整体出发进行监测和管理，原则上要保证所有涉及经济风险的活动都受到监督，监管范围内的所有金融机构都应如实披露信息。同时，也应通过及时、准确评估各机构对系统性风险的贡献度，确定系统重要性机构，在监管资源配置中适当倾斜，实施差别化的审慎性监管，从而提高监管效率。

二、构建宏观审慎监管体系和框架

确定了宏观审慎监管的主体和客体，下一步就是中国特色的宏观审慎监管框架和体系的构建，我们可以就上述宏观审慎监管体系的三要素即宏观审慎分析、宏观审慎工具运用和宏观审慎政策选择分别进行分析：

（一）建立系统性风险的监测和评估制度

定期对金融系统和整个宏观经济数据进行整合、处理和分析，通过完善的宏观审慎分析体系及时对系统性风险做出监测和预警，这是防范系统性风险、确保我国金融安全的关键和前提。近年来，中国人民银行等监管部门按照党中央、国务院的统一要求，加强宏观监管，推进金融体系改革，初步构建我国的金融稳定监测指标体系，定期对我国金融系统的稳定情况做出评估并发布《中国金融稳定报告》，为探索我国的宏观审慎框架、维护金融安全做出了很大的努力。但是，相比较国内外金融形势的复杂与多变，我国系统性风险的预警体系还远远不能满足金融安全的需要。为切实防范系统性风险，首先，应当确定宏观审慎分析的职能部门，可以是中央银行或是其他的机构，及时对金融市场的各类宏观数据进行分析，把握宏观经济走势和风险变化。其次，要建立起系统性稳健性监测评估指标体系，在宏观层面加强对金融风险的监测与评估，还要在微观层面从银行、证券和保险行业的角度,监测与分析微观风险因素对系统性风险的影响。最后,提高风险测度与预警水平,根据宏观审慎分析报告及时发布预警报告以及相应的政策措施。除此之外,还应该密切关注国际宏观审慎监管的形势,关注国际金融业风险状况,对宏观审慎分析做到全面而谨慎。

(二)加强宏观审慎工具的开发与合理运用

我们依然从宏观审慎监管的两个维度出发,探索我国宏观审慎政策工具体系的构建。

从跨行业维度,应完善系统重要性机构、市场和工具的监管制度,在监管过程中加强"准入监管"和"过程监管"两个方面。与欧美国家不同,我国的信贷资源主要投向国有大中型企业,市场风险集中于宏观经济周期引发的系统性风险。为平衡信贷资源在不同机构间的配比,减少行业相关度,我国可以尝试在严格市场准入的情况下允许国内民营资本进入金融机构,逐步建立国有金融机构的有效退出机制。同时,对准入的系统重要性金融机构加强过程监管,加快建立和制定科学完善的监管体系和监管标准,例如可以对它们实行附加资本要求、对其杠杆率等指标严格要求,督促它们简化业务结构,降低风险集中度,控制整体风险。还应建立系统重要性机构倒闭的处置机制,最大限度地减少这类机构发生系统性风险对整个金融系统所造成的损失,减少其市场推出所产生的溢出效应和纳税人的损失。

从时间维度,主要解决金融体系顺周期性问题,监管部门应参照国际金融监管标准,结合我国的具体情况,积极开发逆周期宏观审慎监管工具。监管机构可以采用逆周期资本要求、杠杆率限制、动态拨备制度等政策工具来缓解金融体系的顺周期性。近年来,我国银行业监管部门已经开始采用动态拨备、动态资本等办法实行逆周期监管。在此基础上,我国应该继续研究完善资本充足率、动态计提拨备等政策工具,适当引入逆周期性的资本缓冲制度框架,使银行在达到资本充足率要求的基础上,在经济上行期计提能用于经济下行期吸收损失的动态超额资本,增强银行应对经济周期冲击的能力。

(三)科学选择和实施宏观审慎政策

在第二节我们已经介绍过,宏观审慎政策不仅是单纯的金融政策,还包括财政政策、货币政策和汇率政策等的配合实施。以中国人民银行为例,在执行货币政策时中国人民银行可以尝试采取宏观审慎监管的视角。中国人民银行在实行信贷调控时应注意完善逆周期的货币信贷动态调控机制,通过逆周期的资本缓冲平衡不同经济周期的信贷投放,引导货币信贷的适度增长,维护金融系统的稳定。中国人民银行、财政部门和监管机构共同承担着维护金融稳定的责任,所以,我国的宏观审慎政策必须建立上述三方合作的制度性框架,并明确三方在宏观审慎监管中的地位和责任。金融监管部门和中国人民银行也应建立和完善相应的信息沟通和共享机制,及时共享金融监管信息与宏观经济运行信息,建立完备的宏观审慎监管与宏观政策协调机制,协调政策的制定和实施,共同促进经济稳定、持续发展。

三、强调宏观审慎监管与微观审慎监管的有机结合与补充

宏观审慎监管和微观审慎监管并不是两个截然相反和对立的监管视角。保证金融安全,为我国的金融发展创造一个良好的发展环境,单纯重视宏观审慎监管、忽略微观监管与危机前单纯重视微观监管、宏观审慎监管缺位一样,都是不完善不理智的监管方法和手段。危机过后,宏观审慎监管成为一个热门词汇,成为学者和政策制定部门争相研究的热门课题。我们在注重宏观审慎监管框架的构建的同时,也应注意与微观审慎监管政策的有效协调和补充。单纯的宏观数据远远不能满足宏观审慎监管的需要,必须主要依靠微观监管数据。我国的一行三会应当密切配合,实现统筹协调,在密切关注宏观经济形势变化的同时,将银行业、证券业、保险业的运行状况纳入分析体系中,研究分析跨行业、跨市场的金融机构和金融风险,强化金融风险的化解和处置行动的配合。通过以上措施的有效实行,使宏观审慎监管和微观审慎监管相辅相成,互为协调和补充,既防止单个

金融机构的大型风险造成的多米诺骨牌效应，又从整体上保证金融系统的稳健运行。

四、强调适度监管的重要性，保持监管的灵活性

宏观审慎监管的目的是系统性风险的防范，一个科学完善的宏观审慎监管体系应当起到在保证金融安全的条件下促进金融市场的繁荣与发展的作用。2008年爆发的金融危机表明，金融市场的高风险运作所带来的高收益性使得很多金融机构的投资行为都是比较激进的，在这种情况下，适度地加强宏观审慎监管对抑制危机的爆发或是减少其影响会起到很大的作用。但是我们应当同样意识到，从宏观经济角度来看，强化监管规则势必会在一定程度上损害经济的发展。比如，在逆周期调节机制中，在经济上行期对系统重要性机构增加资本要求必然会限制其业务的发展与利润的提升。我国的金融业务大多是传统的存贷业务，金融创新还很落后，鼓励金融创新是未来一个明确的政策走向，监管过严会抑制金融创新的发展，最终的结果可能是虽然保证了金融安全，但却损害了金融发展。因此，我们应当寻求发展与安全的均衡，这就要求我们的宏观审慎监管政策突出"审慎"二字，同时确保监管规则的灵活性，灵活把握执行各项宏观政策和规则的程序和时机，在稳定中求发展。

国际金融危机的爆发让我们深刻认识到宏观审慎监管缺失所带来的重大影响。危机过后，我们也对本国的监管政策做了深刻反思，并将宏观审慎监管纳入监管框架，不断补充与完善宏观审慎监管体系，全面监测金融系统性风险，确保金融体系的安全。在金融全球化越来越深入的今天，我国所面临的国际国内形势也越来越复杂和多变，这就要求宏观审慎的政策框架也是一个动态发展的框架，关注国际监管新动向，在充分借鉴发达国家经验的基础上，立足本国国情，探索出有中国特色的宏观审慎监管的思路与体系，强化我国的金融安全，促进经济的协调发展。

主要参考文献

［1］陈漓高、邢成、杨新房等主编．经济全球化条件下中国金融市场发展研究．北京：人民出版社，2005．

［2］陈雨露．国际金融（第三版）．北京：中国人民大学出版社，2008．

［3］何五星．金融可持续发展导论．成都：西南财经大学出版社，2003．

［4］黄宪、赵征．开放条件下中国银行业的控制力与国家金融安全．北京：中国金融出版社，2009．

［5］雷曜．洞悉美国次贷背后的秘密：次贷危机．北京：机械工业出版社，2008．

［6］刘均胜．金融全球化：短期资本流动风险．北京：社会科学文献出版社，2009．

［7］刘仁伍、刘华．人民币国际化：风险评估与控制．北京：社会科学文献出版社，2009．

［8］普拉萨德等．金融全球化对发展中国家的影响：实证研究结果．北京：中国金融出版社，2004

［9］阮震．金融创新概论．北京：中国财政经济出版社，1997．

［10］孙伯良．金融创新与经济发展．上海：三联书店，2005．

［11］王元龙．中国金融安全论．北京：中国金融出版社，2003．

［12］翁东玲．国际资本流动与中国资本账户开放．北京：中国经济出版社，2010．

［13］姚淑梅．逐步推进人民币资本项目可兑换研究．北京：中国计划出版社，2011．

[14] 叶伟春. 国民经济安全研究——资本账户开放与金融安全. 上海：上海财经大学出版社，2011.

[15] 张伟、史伟. 各国如何管理储备资产. 北京：中国金融出版社，2010.

[16] 赵庆明. 人民币资本项目可兑换及国际化研究. 北京：中国金融出版社，2005.

[17] 中国金融信息化发展战略研究课题组. 中国金融信息化发展战略研究报告. 北京：中国金融出版社，2006.

[18] 中国人民银行金融稳定分析小组. 中国金融稳定报告（2010）. 北京：中国金融出版社，2010.

[19] 周道许. 金融全球化下的金融安全. 北京：中国金融出版社，2001.

[20]［美］戴维·德罗萨著，朱建锋等译. 20世纪90年代金融危机真相. 北京：中信出版社，2008.

[21] 安起雷、李治刚. 国际短期资本流动对我国金融安全的影响及对策研究. 宏观经济研究，2011，（2）.

[22] 安冉、冷穆德. 德国马克国际化进程及其对人民币国际化的启示. 云南财经大学学报（社会科学版），2010，（5）.

[23] 巴曙松. 人民币国际化及其对中国银行业发展的影响. 西南金融，2007，（7）.

[24] 蔡昕. 人民币国际化对国内商业银行经营的影响及应对策略. 经济视角，2011，（10）.

[25] 曹雪锋、贾润军. 境外战略投资者参股中资银行与中国金融安全. 金融论坛，2006，（2）.

[26] 陈安燕. 我国财政风险现状分析. 法制与经济，2007，（11）.

[27] 陈虹. 日元国际化之路. 世界经济与政治，2004，（5）.

[28] 陈卫东、李建军. 日元国际化过程中值得关注的若干问题——兼论一国货币国际化的基本条件与模式. 国际金融研究，2010，（6）.

［29］陈雨露、王芳、杨明．作为国家竞争战略的货币国际化：美元的经验证据——兼论人民币的国际化问题．经济研究，2005，（2）．

［30］党永军．对我国国债规模现状的一点思考．消费导刊，2008，（7）．

［31］杜长江、刘骏民．人民币国际化的基础条件以及风险探析．理论学刊，2010，（2）．

［32］付乐、曾宪宁．我国金融创新的现状与发展路径探析．企业经济，2007，（10）．

［33］管涛．资本项目可兑换的定义．经济社会体制比较，2001，（1）．

［34］何德旭、范力．切实保障金融创新中的金融安全．上海金融，2008，（10）．

［35］何帆、张明．美国次贷危机是如何酿成的．求实，2007，（20）．

［36］何帆、陈平．外汇储备的积极管理：新加坡、挪威的经验与启示．国际金融研究，2006，（6）．

［37］贺军．欧债危机的演化及对中国经济的影响．银行家，2011，（10）．

［38］洪梁、张雪．对我国外汇储备现状的分析和管理建议．当代经济，2009，（18）．

［39］呼显岗．地方政府债务风险的特点．财政研究，2004，（8）．

［40］胡海琼．德国马克国际化的成功经验及启示．内蒙古金融研究，2010，（4）．

［41］胡晖．我国国债适度规模研究．商业时代，2011，（26）．

［42］黄梅波、胡建梅．德国马克的国际化路径研究——兼论对人民币国际化的启示．创新，2010，（4）．

［43］黄益平．我国资本项目开放的条件、时机与进程．中国金融，2011，（14）．

［44］黄云．我国资本项目可兑换的现状及对策．改革与开发，2011，（1）．

［45］黄志强．人民币国际化与中国银行业的机遇和挑战．中国金融，2011，（17）．

[46]贾宁.日元和马克的国际化比较及其启示.中国货币市场,2010,(1).

[47]江凯.人民币国际化视角下货币政策独立性和通货膨胀研究.商业时代,2010,(36).

[48]江若冰.中国资本项目开放的收益和风险.中国集体经济,2010,(11).

[49]姜波克、张青龙.国际货币的两难及人民币国际化的思考.学习与探索,2005,(4).

[50]孔楠、张岩.我国商业银行业国际化现状透视.经济视角,2010,(10).

[51]李稻葵、尹兴中.国际货币体系新构架:后金融危机时代的研究.金融研究,2010,(2).

[52]李伏安、林杉.国际货币体系的历史、现状——兼论人民币国际化的选择.金融研究,2009,(5).

[53]李金声.对人民币资本项目下自由兑换的思考.广东金融,1997,(10).

[54]李文泓、陈璐.美国、欧盟和英国金融监管改革方案比较:措施、展望与启示.中国金融,2009,(20).

[55]李晓."日元国际化"的困境及其战略调查.世界经济,2005,(6).

[56]李砚忠、李军保.地方政府债务的内源性探析与解决路径.今日中国论坛,2007,(4).

[57]刘华.金融危机背景下中国外汇储备管理战略探析.特区经济,2010,(5).

[58]刘军红.人民币国际化与金融安全.中国党政干部论坛,2012,(1).

[59]刘莉亚、任若恩.中国外汇储备适度规模的研究综述.经济问题,2003,(5).

[60]刘力臻、王益明.人民币国际化下的货币政策效应分析.税务

与经济,2005,(4).

[61] 刘迎春.金融创新的动因研究.特区经济,2011,(12).

[62] 马根发.中外金融创新动因分析.上海金融,2005,(8).

[63] 苗永旺、王亮亮.金融系统性风险与宏观审慎监管研究.国际金融研究,2010,(8).

[64] 穆西安.次贷危机对国家金融安全体系建设的启示.中国金融,2009,(3)

[65] 邱智坤.中资商业银行"走出去"的策略提示.中国金融,2008,(18).

[66] 阮峥、余文建.外资银行进入与中国金融安全.上海金融,2007,(3).

[67] 沈悦、李善燊.人民币国际化进程中的金融风险及其传导机理分析.甘肃金融,2011,(12).

[68] 沈悦.初次开放资本账户:国际经验和教训对中国的启示.2003,(1).

[69] 孙权.宏观审慎监管理论探析.商业文化,2011,(3).

[70] 陶进操.国有商业银行"走出去"研究.中共中央党校,2009.

[71] 王凤丽、邱立成.外资银行进入对影响我国金融安全的传导机制分析.对外经贸实务,2008,(9).

[72] 王果.我国银行业海外发展的模式及选择.国际经济合作,2007,(7).

[73] 王锐.资本项目可兑换的国际经验借鉴.吉林金融研究,2011,(1).

[74] 王怡.浅谈我国金融创新的现状及风险.金融经济,2007,(6).

[75] 王元龙.关于人民币国际化的若干问题研究.财贸经济,2009,(7).

[76] 王元龙.人民币国际化与国家金融安全.国有资产管理,2009,(7).

[77] 吴春节.国内银行业推进人民币国际化进程中的机遇与挑战.河北金融,2011,(11).

[78] 吴建刚.中国衍生品市场概况与未来发展.金融与经济,2009,(11).

[79] 吴晓求. 中国构建国际金融中心的路径探讨. 金融研究, 2010, (8).

[80] 肖崎. 资本项目开放与金融安全. 金融教学与研究, 2006, (3).

[81] 忻华. 解读冰岛金融危机：演进历程、结构特征与形成机理. 世界经济研究, 2009, (6).

[82] 熊瑛. 东南亚金融危机发生的原因及启示. 合作经济与科技, 2008, (15).

[83] 薛建波、刘兰设、刘长霞、李玉宏. 观审慎监管：有效防范系统性风险的必由之路. 金融发展研究, 2010, (6).

[84] 杨光. 从热钱概念争议看外汇总量调控. 中国金融, 2011, (8).

[85] 杨宏斌. 银行危机传导机制的理论分析. 中国流通经济, 2008, (4).

[86] 姚传娟. 浅析外汇储备的高速增长对我国经济的影响及对策. 时代金融, 2010. (6).

[87] 姚大庆. 冰岛危机、货币脆弱性与东亚货币合作. 世界经济研究, 2009, (8).

[88] 殷醒民. 从德国马克的国际化过程看金融稳定的基础. 世界经济文汇, 1998, (1).

[89] 尹继志、刘秀兰. 关于构建宏观审慎监管体系的探讨. 上海金融, 2010, (2).

[90] 于文涛. 中国高额外汇储备探析. 宏观经济管理, 2007, (1).

[91] 张国庆、刘骏民. 日元国际化：历史、教训与启示. 上海金融, 2009, (8).

[92] 张曙光、张斌. 外汇储备持续积累的经济后果. 经济研究, 2007, (4).

[93] 张文政、许婕颖. 试论我国外汇储备币种结构. 商场现代化, 2005, (11).

[94] 张远. 资本项目开放的国际经验对我国的启示. 金融教育研究, 2011, (6).